Hans Wagner

Erfolgreich gärtnern durch Mischkultur

Bassermann

Inhalt

Die Basis für eine erfolgreiche Ernte ist eine gute Pflanzengemeinschaft.

Die richtige Mischung machts: Positive Mischkulturenpartner sind auch Studentenblume und Kräuter.

Vorwort

In der Natur steht keine Pflanze allein. Alle kommen stets in vielfältigen Nachbarschaften vor. Aber in der Natur wächst nur zusammen, was auch zusammengehört. Wenn wir unsere Gärten anlegen, achten wir gerade darauf kaum. Wir säen und pflanzen, was uns gefällt, was wir gern ernten würden, und wir pflanzen es so, dass es unser Auge erfreut. Dabei übersehen wir aber leicht, dass sich längst nicht alle Pflanzen wirklich »grün« sind.

In der Natur gesellen sich nur solche Pflanzen zueinander, die sich vertragen. Missachten Sie das, können Sie unangenehme Überraschungen erleben.

Pflanzen beeinflussen sich

Was alles passieren kann, wenn wir in unseren künstlich angelegten Gärten die natürlichen Zu- und Abneigungen ignorieren, haben Wissenschaftler seit Beginn des 20. Jahrhunderts systematisch erforscht. Die erste präzise Darstellung des Einflusses einer Pflanze auf eine andere stammt von dem deutschen Biologen Küster, der darüber 1908 einen viel beachteten Vortrag hielt. 1937 brachte der Verlag Gustav Fischer in Jena erstmals ein Buch zu diesem Thema heraus. Autor war Hans Molisch, emeritierter Professor und Direktor des pflanzenphysiologischen Instituts der Universität Wien. Er gab in seinem grundlegenden Werk der neuen Wissenschaft einen Namen: »Ich schlage ›Allelopathie‹ vor. Abzuleiten von den griechischen Wörtern allelon (wechselseitig, gegenseitig) und Pathos (Leid oder das, was einem widerfährt).«

Die richtige Nachbarschaft

Die Forschungen zur Allelopathie haben im Lauf der Jahre immer neue Erkenntnisse über die gegenseitigen Beeinflussungen der Pflanzen erbracht. Manche Wurzeln und Früchte scheiden Säuren und Gase aus, die andere nicht vertragen. Dadurch wird nicht selten schon die Keimfähigkeit ihrer Samen beeinträchtigt. Während einige Pflanzen sehr gut mit bestimmten Bodenpilzen zurechtkommen, sie regelrecht anziehen, weil sie deren Einfluss sogar brauchen, werden andere Pflanzen in der Nähe krank davon. Auch Blattläuse, die von manchen Arten angelockt werden, können benachbarte Pflanzen stören und ihr Wachstum hemmen. Viele Mikroorganismen, die sich im Boden bilden oder die sich stark vermehren, wenn bestimmte Pflanzen dort wachsen, sind imstande, andere Pflanzen negativ zu beeinflussen. Ihre Stoffwechselprodukte machen sie krank.

Durch Ausscheidungen mancher Pflanzen werden sogar Nährstoffe in ihrer Qualität verändert, was ebenfalls Einfluss auf das Wachstum der Nachbarpflanzen hat.

Die Mischkultur

Um zu vermeiden, dass sich Pflanzen gegenseitig schaden und, um positive Einflüsse zu nutzen, kommt es auf die richtige Fruchtfolge und auf eine entsprechende Nachbarschaft an. Aussaat und Bepflanzung müssen also in optimaler Weise gemischt werden. Man spricht folgerichtig auch von Mischkultur, wenn man die allelopathischen Grundsätze in der Praxis berücksichtigt.

Erkenntnisse aus der Natur

Bestimmte Kräuter dienen der menschlichen Gesundheit. Gartenkräuter fördern den gesunden Aufwuchs der Gemüsepflanzen und bewahren sie vor Krankheiten. Das war eine der überraschenden Beobachtungen von Gertrud Franck. Sie studierte die Vorgänge in der Natur und entwickelte daraus Schritt für Schritt den Mischkulturen-Gemüsegarten. Dieses System, ergänzt durch viele eigene Beobachtungen und Experimente des Autors, ist inzwischen wirklich ausgereift. Es bildet auch die Grundlage des vorliegenden Gartenbuchs. Am Anfang mag einiges recht ungewohnt erscheinen. Aber schon nach kurzer Zeit möchte man das System nicht mehr missen. Denn durch seine Naturnähe und den geringen Arbeitsaufwand bereitet ein Mischkulturengarten von Jahr zu Jahr mehr Freude.

Hans Wagner

Die bunte Fülle im Bauerngarten gedeiht bestens, wenn die Pflanzen sich vertragen.

Nicht alle Pflanzen sind sich »grün«

Pflanzen beeinflussen sich gegenseitig. Oft bleibt es ohne tiefer reichende Kenntnisse über diese Zusammenhänge unklar, warum eine Pflanzensorte einmal gut gedeiht und einmal kränkelt und vielleicht sogar eingeht. Die Zuneigungen und Abneigungen der Pflanzenfamilien sind manchmal verblüffend.

Richtige Kombinationen

Durch Pflanzengemeinschaften, die ihr biologisches Potenzial gemeinsam nutzen und sich gegenseitig vor schädlichen Einflüssen schützen, kann der Ertrag im Garten jedoch gesteigert werden.

Petersilie ist dem Kopfsalat zu scharf

Ein Kopfsalat, der neben Petersilie gepflanzt wird, muss viel leiden. Die Ausscheidungen der Gewürzpflanze lassen den Kopfsalat kümmern und manchmal sogar absterben. Die Gefahr wächst, wenn er auf einen Platz kommt, auf dem unmittelbar vorher Petersilie gestanden hatte: Die Stoffwechselausscheidungen der Petersilie und ihre ätherischen Öle sind zu aggressiv für den »sanften« Salat.

Noch schlimmer als Petersilie wirkt sich Kresse als Vorfrucht oder Nachbarin auf das Gedeihen des Kopfsalats und der Endivie aus. Auf einem Kressestandort kann der Salat nicht wachsen und stirbt ziemlich bald ab.

Sellerie und Blumenkohl – eine starke Gemeinschaft

Sellerie in Alleinkultur nimmt viele der angebotenen Nährstoffe des Bodens nicht auf. Wenn man ihn jedoch zusammen mit Blumenkohl pflanzt, spricht er den Bodennährstoffen kräftiger zu, und auch der Blumenkohl bedient sich reichlicher. Es kommt zu einer Ertragssteigerung bei beiden Pflanzen.

Rosen und Karotten mögen sich selbst nicht

Manche Pflanzen sind nicht einmal mit sich selbst verträglich. Wir kennen diese Erscheinung von Rosen. Wenn mal ein Stock eingeht und wir wollen die Gruppe, in der er gestanden hatte, wieder vervollständigen, dann ist das gar nicht so einfach. Rosen gedeihen nicht dort, wo vorher schon Rosen standen. Die neue Pflanze verträgt keine Stoffwechselprodukte im Pflanzbett der alten. Wir sprechen von Bodenmüdigkeit. Da Rosen Tiefwurzler sind, muss für die neue Rose die Erde ziemlich tief ausgehoben (am besten 80 cm) und ausgetauscht werden. Auch Karotten wachsen nicht, wo vorher schon Karotten gestanden haben. Sie werden krank, kümmern, sind anfällig für Schädlinge und bringen kaum Ertrag. Frühestens nach sechs Jahren dürfen Karotten wieder auf der gleichen Stelle gesät werden.

Ganz anders als bei Rosen und Karotten sieht es bei Tomaten aus. Sie lieben den Platz, auf dem vorher schon Tomatenpflanzen gewachsen sind, und gedeihen in den Pflanzbetten ihrer Vorfahren bestens.

Das Prinzip der Mischkultur

Der Begriff der Mischkultur stammt von Gertrud Franck, der ehemaligen Leiterin des Hofes Oberlimpurg bei Langenburg an der Jagst/Baden-Württemberg. Sie hat fast ihr ganzes Leben auf diesem Hof gearbeitet. Ihre wichtigste Aufgabe waren die Bestellung, die Pflege und Ernte in dem großen Garten. Zusammen mit ihrem Mann prägte die 1905 geborene leidenschaftliche Gärtnerin den Begriff »Gesundheit durch Mischkultur«. Es waren vor allem eigene Beobachtungen in über 30 Jahren Gartenarbeit, die ihr zeigten, wie die Pflanzen sich gegenseitig fördern und schützen oder schaden.
Gertrud Franck notierte, welche Pflanzen an welchen Standorten und in welchen Nachbarschaften sich wie entwickelten. Diese Erscheinungen wiederholten sich jahraus, jahrein und brachten dadurch die Gewissheit, dass bestimmte Pflanzen in bestimmten Nachbarschaften immer besser und in anderen Nachbarschaften immer schlechter gediehen. Aus diesen Erkenntnissen entwickelte Gertrud Franck schließlich ihr System des Mischkulturengartens. Sie berücksichtigt darin die natürlichen Vorlieben und Abneigungen der Pflanzen.

Was viele Gärtner im Verlauf von Jahrzehnten und Jahrhunderten schon an Erfahrung gesammelt haben, ist auch wissenschaftlich erwiesen und begründet.

Schnecken können eine Plage sein. Wird Kerbel dazwischen gesät, kann das helfen.

Vorteile der Mischkultur

Schädliche Bakterien und Pilze breiten sich in Monokulturen leichter aus. In der Mischkultur stoßen sie dagegen immer sehr schnell an eine Grenze, also an eine andere Pflanze, bei der sie keine Chance haben.

Mischkultur ist nicht nur für die einzelne Pflanze, sondern für das gesamte Bodenleben im Garten von Vorteil. Sie verringert die Bedrohung von Nutzpflanzen und Blumen durch Schädlinge und verbessert die Bodenqualität durch Flächendüngung.

Schädlinge werden abgehalten

Pflanzen senden Duftstoffe aus, bei vielen können auch wir sie wahrnehmen. Insekten riechen diese Düfte oft auf große Entfernungen und werden angelockt. Sie suchen sich ihre Pflanzen aus, um von ihrem Saft zu saugen, von ihren Blättern zu fressen oder ihre Eier darauf abzulegen. So werden diese Insekten für unsere Nutzpflanzen zu Schädlingen. Wenn besonders viele Pflanzen zusammen auf einem Beet oder einem Feld stehen, sprechen wir von Monokultur. Schädlinge haben es in solchen Kulturen leicht, sich auszubreiten. Wenn allerdings – wie bei Mischkulturanbau üblich – in wechselnden Reihen angebaut wird, werden die ungebetenen Gäste irritiert. Überall riecht es anders. Kaum fliegt das Insekt ein kurzes Stück weiter, schon wechselt der Duft. Auf diese Weise schwindet das Interesse der Schädlinge am Garten. Die Pflanzen bleiben von ihnen weitgehend verschont. Mischkultur wird so zur einfachsten, billigsten und am wenigsten aufwändigen Pflanzenschutzmaßnahme ohne jede Chemie.

Gesundes Bodenleben

Einen weiteren Vorteil bietet die Mischkultur dadurch, dass sie keinen unbedeckten, leeren Boden im Garten entstehen lässt. Hier wird ganz bewusst die Natur nachgeahmt, die ebenfalls keine kahlen Bodenflächen duldet, sofern nicht extreme Bedingungen, etwa in einer Wüste, sie zeitweise dazu zwingen. Auf Wiesen, Ackerrainen und in den Wäldern stehen Moose, Kräuter, Gräser, Blumen, Büsche und Bäume stets auf engstem Raum in verschiedenen Etagen beieinander.

Bunte Vielfalt

In Laubwäldern ist diese Abstufung der Wachstumsetagen noch viel ausgeprägter. Im Frühjahr nutzen Buschwindröschen, Sauerklee und Lerchensporn das Licht, welches durch die noch kahlen Baumkronen dringt, für Blüte und Samenbildung. Wenn sich das Laubdach schließt, haben sie ihre Entwicklung schon fast abgeschlossen. So ähnlich geht es auch im Mischkulturengarten zu. Er ist vielfältig und ausgesprochen bunt. Während im gewöhnlichen Standardgarten streng getrennte Beete angelegt werden, auf denen Monokulturen stehen, wachsen hier Erdbeeren und Zwiebeln, Ringelblumen und Salat, Gurken und Basilikum, Karotten und Tomaten gemeinsam auf.

Blumen und Kräuter im Gemüsegarten sehen nicht nur hübsch aus, sondern sie locken auch Bienen und Falter, Schwebfliegen und Marienkäfer an, die alle dem Gedeihen und der Gesundheit unserer Pflanzen nützen.

Kein Umgraben mehr

Weil der Boden im Mischkulturengarten das ganze Jahr über bedeckt ist, herrscht in ihm ein reges Bodenleben aus Regenwürmern, Asseln, Mikroorganismen und Pilzen. Regen oder Gießwasser kann niemals auf den nackten, ungeschützten Boden prasseln, ihn fortschwemmen und verkrusten lassen. Durch die Wurzeln wird der Boden zusätzlich gelockert. Die Welt der Kleinlebewesen wird auf diese Weise genügend mit Sauerstoff versorgt. Das alljährliche Umgraben, bei dem die belebteste Bodenschicht nach unten und der unbelebtere Teil nach oben gebracht wird, ist nicht nur unsinnig, sondern auch unnötig.

Ein ganzjährig durchwurzelter und von Würmern, Milben, Käfern, Pilzen, Algen und Einzellern aller Art bevölkerter Boden bleibt stets locker.

Flächenkompostierung

Die Mischkultur arbeitet mit Flächenkompost, einer Methode, die ebenfalls von Gertrud Frank stammt. Flächenkompostierung bedeutet, dass zwischen den Anbaureihen jeweils gleich breite Düngereihen angelegt werden, auf denen Gründüngung und Kompost für die Ernährung der danebenstehenden Pflanzen und des darunter tätigen Bodenlebens sorgen. So wird unser Gartenboden zu einem lebendigen und gesunden Organismus, der Gemüse, Blumen und Kräuter bestens gedeihen lässt.

Pflanzen, die sich mögen und schützen

Es gibt viele Pflanzen in unseren Hausgärten, die sich sehr gut vertragen und sich gegenseitig günstig beeinflussen, ja die sich sogar vor Schädlingen schützen. Zu ihnen gehören beispielsweise Karotten und Tomaten. Tagetes gibt nicht nur hübsche Farbtupfer (etwa auf der Baumscheibe), sondern wehrt auch die freilebenden Wurzelnematoden ab und beugt Bodenmüdigkeit vor.

Die Kapuzinerkresse wehrt Blatt- und Blutläuse ab. Salbei und Lavendel schützen die Rosen vor Ameisen, Blatt- und Blutläusen.

Zwiebeln sind immer willkommen

Zwiebelgewächse sind unentbehrlich in jeder Mischkultur, denn sie vertreiben nicht nur Möhrenfliegen, sondern bieten auch einen gewissen Schutz gegen Pilzerkrankungen wie Grauschimmel und Mehltau. Sie vertragen sich mit den meisten Pflanzen problemlos.

Die richtige Abwechslung in der Reihe hat viele Vorteile – vom besseren Gedeihen bis zur Ungezieferabwehr.

Kohl wird beschützt

Der Kohl profitiert ganz besonders vom Anbau in Mischkultur mit Tomaten oder Sellerie. Sellerie- und Tomatengeruch mag der Kohlweißling nicht, und so wird ihm die Eiablage auf Weiß- oder Blaukraut, Wirsing, Blumenkohl und Kohlrabi verleidet.

Verstärkt wird die Schutzwirkung noch, wenn man ausgegeizte Tomatentriebe oder hinderliche und abgebrochene Blätter der Tomatenpflanze zwischen die gefährdeten Pflanzen legt. Auch der Sellerie hat einen Vorteil von der Mischkultur mit Kohl, denn er wird dann seltener von Sellerierost (Sellerieschorf) befallen.

Salat – ein guter Partner

So ziemlich die gefragtesten und besten Gesellschafter des Gemüses im Garten sind die Salate (siehe Seite 66).Wegen ihrer kurzen Wachstumszeit eignen sie sich als Lückenfüller bei Gurken, Erbsen, Kraut, Erdbeeren, Kohlrabi, Radieschen – nicht aber als Nachbar für Sellerie und Petersilie. Diese beiden Pflanzen sind ihm zu scharf. Eine Musterreihe – Kohlrabi und Salat. Besonders bewährt hat sich der Salat in Mischkultur mit Kohlrabi und Radieschen. Den beiden werden oft durch den Erdfloh ziemliche Schäden zugefügt. Der Floh frisst Löcher in ihre Blätter und stört dadurch das Wachstum. Wenn Salat als Mischkulturenpartner danebensteht, wird der Erdflohbefall stark verringert oder sogar verhindert. Der Salat beschattet den Wurzelraum des Kohlrabi, der ansonsten reichlich kahl ist und zur Austrocknung neigt. Auch Buschbohnen erfüllen dem Kohlrabi diesen Dienst. Andererseits schützen die in die Höhe wachsenden Kohlrabiblätter mit ihrem Dach den zarten Salat vor starken Witterungseinflüssen wie Sonne und Regen.

Gurke und Salat passen gut zusammen

Gurken und Salat bilden ebenfalls eine hervorragende Nachbarschaft als Mischkulturenpflanzen. Dabei wird der Salat vor den Gurken gesät oder gepflanzt. Er bedeckt den Boden, solange die Gurkensamen keimen und die Pflänzchen heranwachsen. In dieser Zeit schützt er die Wärme liebenden Jungpflanzen vor Kälte und Wind. Bevor die Gurken dann wirklich Platz brauchen für ihre langen Ranken, wird der Salat abgeerntet. Damit ist der Platz optimal genutzt und der Boden, wie bei Mischkultur vorgesehen, niemals unbedeckt geblieben.

Salat, früh gesät, passt besonders gut zu frühen Rettichsaaten, weil Salat den für Rettiche gefährlichen Erdfloh abwehrt.

Ackersalat ist anspruchslos

Rapunzel, Sonnenwirbelchen, Vogerlsalat (oder auch schlicht Ackersalat bzw. Feldsalat) lauten die Namen für einen vitaminreichen Mischkulturenpartner, der nicht nur als beliebter und vielseitiger Salat schmeckt, sondern so bescheiden ist, dass er kein eigenes Beet und keine eigene Reihe beansprucht. Er kann als Unterkultur zwischen Lauch, Tomaten und Kohl ausgesät werden. Wie die Buschwindröschen im Wald bewohnt er die unterste Etage, spendet dem Boden Schatten, durchwurzelt ihn und hält ihn locker. Wir ernten davon, was wir brauchen, der Rest dient als hervorragende Gründüngung.

Karotte und Zwiebeln vertragen sich gut

Auf diese Kombination sollten Sie nicht verzichten: Karotten und Zwiebeln passen ideal zusammen. Sie gedeihen in Gemeinschaft besonders gut und schützen sich gegenseitig vor Schädlingen: Die Karotte vertreibt die Zwiebelfliege und die Zwiebel die Möhrenfliege.

Karotte liebt Tomate

Die Tomate mit ihrem streng-würzigen Geruch ist eine hervorragende Abwehrpflanze gegen Schadinsekten, etwa die Möhrenfliege. Die Karotten – sie schaffen immerhin ein Tiefenwachstum von 10 bis 20 Zentimetern – lockern in Nachbarschaft zu Tomaten den Boden, halten die Feuchtigkeit und wehren Läuse ab.

Wichtig: Nicht zu viel und zu häufig gießen, denn das schwächt die Pflanzen und zieht Schädlinge und Krankheiten an!

Pastinake und Tomate

Auch die Pastinake wird von der Tomate geliebt. Sie beeindruckt durch ihr Tiefenwachstum. Bis zu 80 Zentimeter lange Wurzeln treibt sie in den Boden, der dadurch tief gelockert wird.

Petersilie ist meist beliebt

In vielen Fällen bildet Wurzelpetersilie eine ganz ausgezeichnete Mischkulturenpflanze, etwa zusammen mit Tomaten. Ganz anders ist es mit sämtlichen Arten von Salat. Sie alle können Petersilie nicht ausstehen und wachsen in ihrer Nähe schlecht.

Ungeziefer vorbeugen

- Wenn Pfefferminze oder Zitronenmelisse neben Knollenbegonien stehen, verduften sich die Schädlinge meist bald.
- Zitronenmelisse ist auch auf Baumscheiben und in besonders durch Läuse heimgesuchten Gartenecken eine bewährte Abwehrpflanze.
- Ringelblumen (Studentenblumen) zwischen Gemüse und Zierpflanzen gesät töten durch ihre Wurzelausscheidungen schädliche Nematoden (Fädchenwürmer) im Boden. Sie können auch als Vorkultur auf den Düngereihen eingesät werden.
- Tagetespflanzen vertreiben und lähmen die Fadenwürmer zwischen Rosen und Gemüsen.
- Wer Kerbel zwischen Salat, Zwiebeln oder Erdbeeren pflanzt, hat deutlich weniger Probleme mit Schnecken.

Erbsen und Kraut vertragen sich gut

Früherbsen oder Markerbsen in Nachbarschaft (übernächste Reihe wegen des Platzbedarfs) mit Blaukraut oder Blumenkohl ist eine empfehlenswerte Mischung.

Die Blumenkohl-Blaukraut-Reihe sollte innerhalb der Reihe noch mit Sellerie gemischt werden.

Dill – beliebt bei Karotten und Gurken

Der aromatische Dill ist der Freund einer ganzen Reihe von Gemüsepflanzen, mit denen er am besten immer zusammen ausgesät werden sollte: Erbsen, Karotten, Gurken, Salat, Zwiebeln. In der Karottenreihe hilft der Dill sogar als Auflaufhilfe. Die quellenden Samenkörnchen beeinflussen und stimulieren sich nämlich gegenseitig. Die aufwachsenden Dillpflänzchen spenden einen frühen und lichten Schatten für die kleinen Karottenkeimlinge, und beide Pflanzen geben sich später Stütze. Auch wenn er bei der Gurkenaussaat mitgesät wird, trägt Dill zum gesunden Aufwachsen seiner Nachbarn bei und gedeiht auch selbst besser. Man kann Dill bei allen Folgesaaten immer mit aussäen. Dadurch werden nicht nur diese Saaten geschützt, sondern es steht auch stets frischer Dill in der Küche zur Verfügung.

Dill passt vorzüglich zu Erbsen, aber auch zu Karotten, Gurken, Salat und Zwiebeln.

Kerbel und Basilikum gegen Mehltau

Schließlich schützt Basilikum Gurkenpflanzen und Kerbel Salatköpfe vor Mehltau. Gurken tragen auch sehr gut, denn Basilikum lockt Bienen an. Zucchini und Fenchel gedeihen mit Basilikum. Gegen Läuse und Schnecken ist der Kerbel eine wichtige Abwehrmaßnahme.

Bohnenkraut hält Bohnen die Läuse vom Leib

Wenn Mitte Mai die Bohnen auf die Reihe oder an die Stangen gelegt werden, gibt man ihnen am besten das Bohnenkraut gleich mit. Es keimt und wächst sehr langsam, so dass es etwa mit den Bohnen gepflückt werden kann. Diese bleiben außerdem durch die Untersaat des Bohnenkrauts frei von Läusen. Bohnenkraut wird ohne Wurzeln geerntet. Man sollte also vorsichtig zupfen oder abschneiden. Neben Stangenbohnen werden Radieschen besonders knackig und prall.

Borretsch schützt Kohlarten und wehrt Schnecken ab

Borretsch bewahrt Kohlrabi und auch andere Kohlarten vor den gefräßigen Raupen der Kohlweißlinge und vertreibt die Schnecken.

Senf ist als Voraussaat eine der besten Pflanzen für die Bodengesundung – nematodenhemmend, tiefwurzelnd, schneckenabweisend. Allerdings verträgt er sich nur mit wenigen Pflanzen.

Erdbeeren mit Senf

Senf, nach Ernte und Säuberung der Beerenreihe zwischen die Erdbeerpflanzen gesät, wehrt nicht nur Wurzelnematoden ab, sondern er lockert und durchlüftet auch den Boden. Wenn der Frost kommt, verschwindet er von ganz allein wieder.

Knoblauch hilft nicht nur gegen Vampire

Um Schimmel von den Erdbeeren fernzuhalten, haben sich Lauch, Schnittlauch, Knoblauch und Gemüsezwiebeln bewährt. Knoblauch (am besten verwilderter) zwischen den Rosenstöcken kann sogar den gefürchteten Sternrußtau verhindern.

Mäuse verjagen

Wenn Mäuse sich im Garten vermehren, sollte man Knoblauch, Kaiserkronen und Steinklee zwischen Rosen und Lilien säen. Die Mäuseplage hat dann bald ein Ende.

Nützlinge im Garten

▶ In einem Mischkulturengarten wird kein Gift verwendet und auch nicht gebraucht. Dadurch gibt es ein artenreiches Insektenleben. Und viele dieser Lebewesen im Boden nützen auch dem Gärtner.

▶ Der Goldlaufkäfer frisst kleinere Schnecken und Insektenlarven im Boden. Auch mit Raupen, die oft viel Schaden anrichten, wird er fertig. Man setzt ihn sogar gegen Waldschädlinge ein.

▶ Ohrwürmer vertilgen Blatt- und Schildläuse, halten sich im Garten aber nur, wenn sie Unterschlüpfe vorfinden, z. B. nach unten offene Gefäße. Gut geeignet sind Plastikblumentöpfe, die mit Holzwolle gefüllt und mit Draht umwickelt werden.

▶ Marienkäfer und ihre Raupen, auch »Blattlauslöwen« genannt, sind starke Läusekiller.

Bieten Sie Vögeln Nistplätze, legen Sie einen Teich an, oder schichten Sie Reisig auf, das Igeln Unterschlupf gewährt – damit holen Sie sich Ungezieferfeinde in den Garten.

Übersicht verträglicher Pflanzen

Die folgende Liste zeigt Ihnen auf einen Blick, welche Pflanzen von A bis Z Sie gut miteinander kombinieren können:

- **Blumenkohl** mag Buschbohnen, Phacelia, Sellerie und Tomaten.
- **Buschbohnen** wachsen gern zusammen mit Borretsch, Dill, Erbsen, Erdbeeren, Gurken, Kartoffeln, Kohlarten, Radieschen, Rettichen, Rote Bete, Sellerie und Tomaten.
- **Chinakohl** liebt Bohnen, Erbsen, Kohlrabi und Spinat.
- **Erbsen** fühlen sich wohl bei Kohlarten, Karotten, Radieschen, Rettichen, Sellerie und Spinat.
- **Fenchel** verträgt sich gut mit Endivie, Gurken und Kopfsalat.
- **Gurken** mögen Basilikum, Stangenbohnen, Dill, Fenchel, Kohlarten, Kopfsalat, Sellerie, Spinat und Zwiebeln.

- **Karotten** lieben Dill, Endivie, Erbsen, Knoblauch, Kohl, Lauch, Radieschen, Rettiche, Salate, Schnittlauch, Tomaten und Zwiebeln.
- **Knoblauch** passt zu Erdbeeren, Gurken, Lauch, Karotten, Tomaten, Zwiebeln sowie zu Rosen und Obstbäumen (auf der Baumscheibe).
- **Kohlarten** gesellen sich gern zu Borretsch, Buschbohnen, Erbsen, Gurken, Rote Bete, Salaten, Sellerie, Spinat und Tomaten.
- **Kohlrabi** mag Bohnen, Erbsen, Erdbeeren, Lauch, Rote Bete, Salate, Spinat undTomaten.
- **Lauch** passt zu Erdbeeren, Karotten, Sellerie, Spinat, Tomaten.
- **Radieschen und Rettiche** sind gute Nachbarn für Bohnen, Erdbeeren, Karotten, Kresse, Salate und Tomaten.
- **Rote Bete** mögen Bohnen, Bohnenkraut, Dill und Zwiebeln.
- **Salate** mögen Borretsch, Bohnen, Dill, Erbsen, Gurken, Kohl, Kohlrabi, Radieschen, Rettiche, Rote Bete, Spinat und Tomaten.
- **Sellerie** fühlt sich wohl bei Bohnen, Erbsen, Kohlarten, Lauch, Spinat und Tomaten.
- **Spinat** mag Bohnen, Erdbeeren, Erbsen, Kohl, Radieschen, Rettiche, Salate und Tomaten.
- **Stangenbohnen** gedeihen gut in der Nachbarschaft von Gurken, Roten Beten, Salaten, Sellerie und Spinat.
- **Tomaten** lieben Buschbohnen, Karotten, Kohlarten, Lauch, Pastinaken, Petersilie, Salate, Sellerie, Spinat und Zwiebeln.

Zucchini stehen gern mit Basilikum, Bohnen und Zwiebeln.

- **Zwiebeln** haben bevorzugt Dill, Gurken, Karotten, Knoblauch, Pastinaken, Salate oder Tomaten um sich, außerdem fühlen sie sich wohl unter Rosen und Obstbäumen.

Achten Sie nicht nur auf günstige Nachbarschaften der Pflanzen, sondern auch darauf, dass die Pflanzen genügend Platz nebeneinander haben.

Wenn Pflanzen, die sich nicht mögen, nebeneinander stehen, schwächen sie sich sehr oft gegenseitig und werden damit ein leichtes Opfer für Schädlinge.

Pflanzen, die sich nicht mögen und sich schaden

Um Nachteile für die einzelnen Pflanzen im Garten zu vermeiden, wird man die, die sich nicht ausstehen können, voneinander fernhalten. Im Folgenden erfahren Sie, welche Pflanzen nicht nebeneinander angebaut werden sollten, weil sie sich negativ beeinflussen.

Zwiebeln und Bohnen oder Erbsen

Gerade die Knöllchenbakterien der Zwiebelgewächse sind sehr wichtig, denn sie können den Stickstoff aus der Luft binden. Dadurch kommt über die Wurzeln der Leguminosen wertvoller Dünger in den Boden.

Auf keinen Fall dürfen Zwiebelgewächse neben Bohnen und Erbsen stehen. Die Knöllchenbakterien an den Wurzeln der Leguminosen würden von den scharfen Senfölen, die für Zwiebelgewächse typisch sind, geschädigt.

Walnuss und Wermut schaden

Ein Walnussbaum übt eine außerordentlich hemmende Wirkung auf Nachbargewächse aus. Diese Tatsache sollte man bei der Anlage eines Gartens schon in der Planung berücksichtigen. Von ähnlicher Wirkung ist ein Wermutstrauch. Er sollte unbedingt allein stehen, weil er durch seine spezifischen Wirkstoffe Nachbarpflanzen schadet.

Kresse

Sie gehört einerseits zu den frühesten und zu den anspruchslosesten Kräutern. Kresse verträgt Schatten, kann als Mitläufer oder Beikraut zwischen anderen Kulturen eingesät werden. Es muss nur stets genügend Feuchtigkeit vorhanden sein, dann gedeiht Kresse praktisch überall. Andererseits hat gerade ihr pikanter, scharfer Geschmack, der als pfeffrig empfunden wird, auch seine unangenehme Seite: Nur ausgesprochen robuste Nachfolger können sich auf einem Standort behaupten, auf dem vorher Kresse gewachsen ist. Eigentlich schaffen das nur die Tomaten und die Erdbeeren. Wenn man Kresse als Voraussaat für eine nachfolgende Gurkenreihe nähme, würde die Gurke bereits nach kurzer Zeit absterben.

Übersicht unverträglicher Pflanzen

- **Blumenkohl** mag weder Kartoffeln noch Kohl oder Zwiebeln.
- **Buschbohnen** mögen nicht Fenchel, Stangenbohnen, Zwiebeln.
- **Chinakohl** gedeiht schlecht neben Radieschen und Rettichen.

- **Erbsen** können nicht mit Bohnen, Lauch, Tomaten, Zwiebeln.
- **Fenchel** passt nicht zu Bohnen, Kohlrabi, Tomaten.
- **Gurken** mögen weder Radieschen noch Rettich.
- **Karotten** mögen weder sich selbst noch Pfefferminze.
- **Knoblauch** sollte nicht neben Bohnen und Kohl stehen.
- **Kohlarten** stören sich an anderem Kohl, Knoblauch und Zwiebeln.
- **Kohlrabi** mag den Fenchel nicht.
- **Kopfsalat** fühlt sich neben Kresse, Petersilie, Sellerie unwohl.
- **Kresse** wird nur von Erdbeeren, Rettichen, Tomaten ausgehalten.
- **Lauch** kann Bohnen und Erbsen nicht ertragen.
- **Radieschen, Rettiche und Gurken** vertragen sich nicht.
- **Rote Bete** haben etwas gegen Spinat und umgekehrt.
- **Sellerie** mag sich selbst nicht.
- **Spinat** hasst Rote Bete und umgekehrt.
- **Stangenbohnen** nehmen Anstoß an Buschbohnen, Erbsen, Knoblauch, Lauch und Zwiebeln.
- **Tomaten** mögen Blaukraut, Erbsen, Fenchel und Rote Bete nicht.
- **Zucchini** vertragen sich nicht mit Gurken.
- **Zwiebeln** sind verfeindet mit Bohnen, Erbsen, Kohl und Lauch und sollten nicht in ihrer Nähe angebaut werden.

Einige Pflanzen vertragen sich nicht mit sich selbst. So passen etwa Kohlarten nicht zusammen, und auch Kresse reagiert ausgesprochen aggressiv auf sich selbst. Kressesamen sollten Sie deshalb nie ein zweites Mal im selben Topf aussäen.

Mit dem Experimentieren im Mischkulturengarten kann man gar nicht früh genug anfangen – nur so gewinnen Sie Erkenntnisse, was zusammenpasst und was nicht.

Eine gute Planung ist das Geheimnis eines ertragreichen Mischkulturengartens.

Die Anlage eines Mischkulturengartens

Bevor eine Mischkultur angelegt wird, muss genau geplant werden. Zwei Methoden kommen in Frage. Entweder stellt man auf einzelnen Beeten Mischkulturen zusammen, die von Jahr zu Jahr wechseln. Dann braucht man die traditionelle Einteilung im Garten nicht aufzugeben. Oder man gibt die herkömmliche Anlage eines Beetes auf und geht zur Reihenkultur über, die das Herzstück einer richtigen Mischkulturenanlage ist. Man belegt die Pflanzreihen in jedem Gartenjahr wieder neu. Die Reihen rücken dann von Jahr zu Jahr um 20 bis 25 Zentimeter weiter. Diese Vorgehensweise ist von großem Vorteil für die optimale Nährstoffzufuhr der Pflanzen, weil sie auf frischen, durch Kompost gut gedüngten Boden gepflanzt werden.

Angenehme Nachbarschaft

Die Pflanzen werden im Mischkulturengarten so zusammengestellt, dass sich die Nachbarschaft für die jeweiligen Partnerpflanzen positiv auswirkt. Negative Partnerschaften vermeiden wir ganz.

Einteilung der Beete

Das Entfernen von unverrottetem Material vom Vorjahr ist wichtig, damit die ersten Schnecken hier nicht unterschlüpfen.

Die Neuanlage eines Mischkulturengartens ist völlig problemlos, wenn einige wenige Regeln beachtet werden. Im Frühjahr, sobald man den Garten betreten kann, ohne dass die Schuhe noch schmutzig werden, und sobald es die Witterung erlaubt, wird die gesamte Gartenfläche abgeharkt. Unverrottete Rückstände von organischem Material, etwa Pflanzen und Pflanzenreste, die noch vom Herbst übrig geblieben und nicht den Winter über verrottet sind, werden abgeräumt und kommen auf den Haufenkompost, wo sie nützlich werden können.

Rillen ziehen

Wir ziehen mit dem Reihenzieher in 20 Zentimeter Abstand flache Rillen. Dieser Abstand hat sich für kleinere und mittlere Gartengrößen bewährt. Wer über eine sehr große Gartenfläche verfügt, kann auch auf 25 Zentimeter Abstand gehen – die Trittflächen (siehe unten) werden dadurch entsprechend breiter und bequemer.

Die Rille, die sich zwischen den Spinatreihen befindet, sollte möglichst sichtbar bleiben, denn sie markiert die Anbau- und Erntereihe für die Gemüsepflanzen.

Die Spinatreihen

In jede zweite der markierten Rillen wird zunächst Spinat gesät. Sobald er aufgegangen ist, kann der Raum dazwischen mit einer flachen Hacke bearbeitet werden, um aufkeimendes Unkraut zu beseitigen und die Erde locker zu halten für die nachfolgenden Gemüsepflanzen.

Spinatreihen als Wege

Die frühe Spinatsaat hat unter anderem den Zweck, die Gartenfläche für die Mischkultur einzuteilen. Die Einteilung bleibt das ganze Jahr über bestehen. Die üblichen Wege zwischen einzelnen Beeten gibt es hier nicht. Die Spinatreihen dienen als schmale Trittpfade.

Spinat als Mulche

Der Spinat tut auch als Gründüngung und als erste Mulchschicht seine Schuldigkeit. Dazu wird er im ausgewachsenen Stadium abgehackt und kann verrotten. Die Wurzel des Spinats ist weich. Schon nach wenigen Tagen ist nichts mehr von ihr zu sehen und zu spüren. Die noch weicheren Blätter mit ihrem Gehalt an Saponin (ein seifiges Pflanzenglykosid) und Schleimstoffen entfalten rasch eine düngende Wirkung. Zusammen mit den Wurzeln bilden sie die Startfütterung für die Bodenorganismen. Zunächst jedoch gibt der Spinat den jungen Gemüsepflänzchen Schutz vor Wind und Kälte und spendet Schatten, wenn die erste aggressive Frühjahrssonne auf die Pflanzreihen trifft.

Spinatreihen werden zu Düngereihen

Die Spinatreihen heißen fortan Düngereihen oder D-Reihen. Auf ihnen können wir jederzeit gehen, denn der darauf entstehende Flächenkompost schützt den Boden vor Trittschäden und die Schuhe vor schmutziger Erde, wenn es nass ist. In die Düngereihen hinein wird auch gegossen, falls es wirklich einmal nötig sein sollte.

Spinat schützt auch vor einigen Schädlingen und bewahrt durch seine Blätter den Boden vor Austrocknung und vor Verschlämmung bei schwerem Regen.

Die Erntereihen

Neben jeder Düngereihe befindet sich in 20 Zentimeter Abstand eine Erntereihe. Sie heißt so, weil auf ihr unser Gemüse heranwächst. Die Erntereihen oder E-Reihen liegen also genau in der Mitte zwischen den einzelnen Düngereihen. Auf den Düngereihen erzeugen wir Flächenkompost, der die Kulturen auf den Reihen ernährt.
Als Material für den Kompost eignet sich angewelkter Rasenschnitt, Häcksel, Küchenabfälle, Reifekompost, Brennnesseln vor der Samenbildung, Kräuter usw. Die Wurzeln unserer Gemüsepflanzen können sich links und rechts nach Herzenslust bedienen.

Nicht nur ein feines Gemüse, sondern auch eine äußerst nützliche Düngepflanze: Spinat ist unverzichtbar in der Mischkultur.

Vermeidung von Unkraut

Diese Form der Reihenanordnung hat noch einen weiteren praktischen Vorteil: Da keine unbedeckten Wege oder Plattenwege zwischen den Kulturen vorhanden sind, kommt es auch nicht zu dem bekannten Problem der Randpflanzen und der Wegunkräuter. Alles Gemüse wird gleichmäßig versorgt, weil die Wurzeln links und rechts Bewegungsfreiheit haben.

Anlage von Kleewegen

Die tägliche Kontrolle der Gemüsereihen bringt es allerdings mit sich, dass zwischen den einzelnen Reihen viel gegangen werden muss. Zwar können die Düngereihen ohne weiteres als Trittwege benutzt werden, wenn immer wieder lockerer Flächenkompost aufgebracht wird. Aber vor allem beim Gießen und beim Ernten erweisen sie sich doch als ziemlich eng und schmal.
Eine sehr komfortable Lösung ist ein Kleeweg. Er bietet Platz, hält im Gegensatz zu Platten oder Brettern den Boden offen und ist auch bei Regenwetter immer begehbar. Ein Kleeweg liefert während des Gartenjahres Grünschnitt für den Flächenkompost, seine Wurzeln lockern die Erde, und er sieht mit seinem frischen Grün auch noch gut aus. Im nächsten Frühling wird er dann kompostiert und 20 Zentimeter daneben neu eingesät.

Die großzügige Bewegungsfläche, die der Kleeweg bietet, macht die Gartenarbeit später ausgesprochen angenehm.

Ein Brett als Hilfe

Zur Begründung der Mischkultur und Anlage der Kleewege und Spinatreihen wird jede vierte Erntereihe zuerst mit Weißklee eingesät. Der Abstand zwischen den Erntereihen, die links und rechts vom Kleeweg liegen, beträgt 60 Zentimeter. Die Abfolge lautet:

Erntereihe – Düngereihe – Kleeweg – Düngereihe – Erntereihe – Düngereihe

Der Weißklee wird breitflächig auf die umfunktionierte Erntereihe gestreut, leicht eingeharkt und dann mit einem Brett abgedeckt. Links und rechts davon säen wir Spinat. Danach nehmen wir das Brett wieder ab und legen es ein paar Reihen weiter, um die anderen Spinatreihen zu säen. Bald ist ein Brett nicht mehr erforderlich, denn der Kleeweg kann schon nach zwei Wochen problemlos betreten werden. Die Pflänzchen sind robust und richten sich sofort wieder auf. Sollte mal eine Stelle ausbleiben, kann jederzeit nachgesät werden.

Kleewege sollte man im Frühling nur noch für die wichtigsten Anfangsarbeiten nutzen, beispielsweise für das Abharken und für die Neumarkierung der Reihen mit dem Reihenzieher.

Jährliche Neuanlage der Kleewege

Es ist eine gewisse Versuchung, die Kleewege, über die wir noch den ganzen Herbst und Winter zur Ernte (von Lauch und anderen Wintergemüsen) und Pflege schreiten können, im darauf folgenden Frühjahr weiter zu benutzen, sie also stehen zu lassen und mit den Wechselreihen quasi über sie hinwegzuspringen. Doch davon ist abzuraten. Denn während Weißklee im ersten Jahr nicht blüht, also keine Bienenweide darstellt und auch keine Bienenstichgefahr mit sich bringt, trägt er im nächsten Jahr reichlich Blüten. Außerdem wächst er im zweiten Vegetationsjahr sehr stark, er breitet sich aus und vergrast.

Kompostierung des Klees

Der nicht mehr benötigte Klee wird abgehackt, kann aber immer noch als Dünger nützlich für den Garten sein. Größere Wurzelballen werfen wir auf den Haufenkompost, der Rest wird als Gründüngung klein gehackt und gibt die Grundlage für eine neue Düngereihe, in die wir anschließend Spinat einsäen.

Hartes, kaltes Leitungswasser zum Gießen schadet nur. Wenn möglich, sollte Regenwasser aufgefangen und bei Bedarf auf die Düngereihen gegossen werden.

Richtiges Gießen

Meistens genügen die natürlichen Niederschläge durch Tau und Regen, denn unter der den Boden abdeckenden Mulchschicht und in den geschlossenen Gemüsereihen bleibt die Wasserverdunstung gering. Die Gemüsepflanzen direkt zu gießen sollten wir vermeiden.

Hauptreihen sind den Pflanzen vorbehalten, die viel Platz brauchen, um sich zu entfalten, wie etwa Kürbis oder Tomaten.

Die Haupt- und Nebenreihen

Für die Planung der Mischkultur ist nicht nur wichtig, welche Pflanzen sich mögen und welche nicht, sondern es kommt auch sehr darauf an, dass benachbarte Gemüsesorten auch in ihren jeweiligen Ansprüchen an Licht und Platz zusammenpassen.

Manche Pflanzen werden sehr hoch und nehmen anderen Licht weg, manche nehmen viel Raum auf dem Beet ein. Das sollte bei der Anlage des Gartens berücksichtigt werden.

Die Hauptreihen

In die Hauptreihen kommen dominante, große Pflanzen. Gurken breiten sich in der Fläche aus, bleiben also nicht auf einer Reihe. Wenn wir ihnen ein Klettergerüst anbieten, entwickeln sie sich in die Höhe und brauchen weniger Platz in der Breite. Allerdings werfen sie dann auch viel Schatten, der nicht allen Pflanzen förderlich ist. Auch Tomaten und Stangenbohnen werden sehr hoch und beanspruchen entsprechend viel Platz. Solche ausladenden Gemüsekulturen säen oder pflanzen wir nur in jede vierte Erntereihe, so dass sie 160 Zentimeter voneinander entfernt wachsen und sich nicht behindern.

Viel Abwechslung auf den Zwischenreihen

Gemüse, die fortlaufend benötigt werden oder die nur in der ersten oder zweiten Hälfte der Vegetationsperiode Platz beanspruchen, werden zwischen den Hauptreihen gepflanzt. Auch hier ist wieder eine überlegte Planung gefragt, um optimale Anpflanzung zu erzielen.
Gertrud Franck hat diese Zwischenreihen noch unterschieden in eine B-Reihe, auf der nach einem frühen Gemüse (z.B. Buschbohnen) noch eine zweite Frucht steht, und in zwei C-Reihen, auf denen Kulturen stehen, deren Entwicklungszeit nur kurz ist, wie Salate, Frühkarotten, Kohlrabi. Für die Praxis im Hausgarten genügt es, wenn auf den drei Reihen, die jeweils zwischen den Hauptreihen liegen, ein reger Wechsel betrieben wird, je nach Gemüsebedarf und Verträglichkeit.

Zu den Pflanzen für eine Hauptreihe gehören auch Zucchini und Kürbis, wenn wir sie im Mischkulturengarten anbauen und nicht einen eigenen Platz für sie ausweisen.

Bodenbearbeitung im Herbst

Wenn die letzte Ernte eingebracht ist und sich auch im günstigsten Klima eine Neuaussaat nicht mehr lohnt, werden immer mehr Reihen nicht mehr benötigt. Sie dürfen nun aber nicht leer und braun daliegen. Umgraben ist abgeschafft, weil diese Maßnahme nach neuen Erkenntnissen als nicht sinnvoll erscheint, denn durch das Umgraben vergraben wir sonst im Herbst die belebte Bodenschicht tief unten und holen die unbelebte nach oben.
Wenn eine Reihe nicht mehr gebraucht wird, genügt es, mit der Grabegabel tief einzustechen und den Gabelstiel kräftig hin und her zu bewegen, um den Boden zu lockern. Eine andere Möglichkeit eröffnet sich mit dem kräftigen Sauzahn, der durch die Erde gezogen wird.

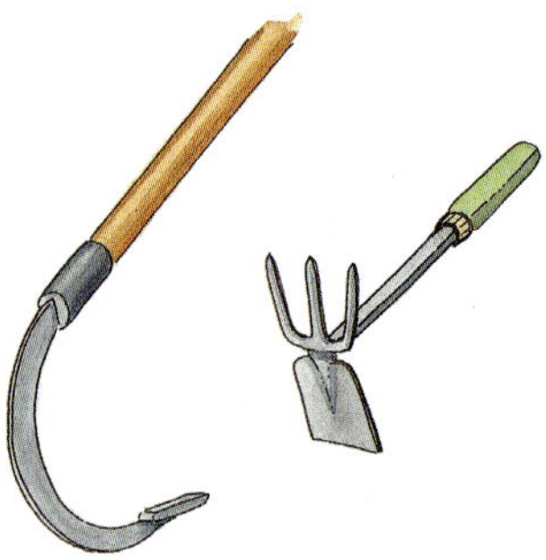

Für feste Böden eignet sich der Sauzahn (links), für lockere die Hacke (rechts).

Senf als ideale Gründüngung

In diesen nun gelüfteten Boden wird breitwürfig Senfsamen eingesät und mit dem Rechen leicht zugedeckt. Senf hat als Gründüngung viele Vorteile: Er ist mühelos zu säen, keimt rasch, und wenn draußen in den

Eine Senfsaat bereitet den Boden für die künftige Auspflanzung vor.

Winterwäldern Schnee fällt und Frost sich einstellt, wird unser Senfwäldchen im Garten immer schwächer und legt sich schließlich einfach müde auf die Erde der eingesäten Reihen. Denn ab minus 7 °C erfrieren auch die letzten der kleinen Senfbäumchen. Sie liegen dann als leichter, grüner Schleier auf dem allmählich gefrierenden Boden.
Die im Herbst noch wachsenden Senfpflänzchen können auch geerntet und als Salat zubereitet werden. Sie schmecken milder als Kresse, aber ähnlich würzig.
Im Frühjahr zerbröselt die Senfschicht, sobald wir mit Rechen oder Harke darüber gehen. Unter den Senfbäumchen ist eine lockere, krümelige Erde entstanden, die nun ohne weitere Arbeitsschritte bereits saatbereit und von bester Qualität ist.

Wichtig ist, dass der Boden niemals unbedeckt ist, dass also immer etwas auf ihm heranwächst, entweder Gemüsekulturen, Vorfrüchte, Nachfrüchte oder Gründüngung.

Flächenkompostierung

Es empfiehlt sich, auch die Flächenkompostreihen noch etwas mit der Grabegabel zu lockern, um die Durchlüftung zu fördern. Wenn der Frühling kommt, sind Senf und Bedeckung verrottet. Nach dem Abharken kann das neue, fruchtbare Gartenjahr beginnen.

Wie die Kulturen einander ablösen

Mit der Zeit lernen Sie, wie Ihr Garten am besten eingeteilt wird; Sie werden sehen, wie viel Freude es macht, mit Mischkulturen zu experimentieren.

Auf den Erntereihen kann sich viel Kreativität entfalten und eigene Erfahrung niederschlagen. Man sollte nicht vergessen, mit Kräutern und Pflücksalaten, mit gestaffelt gesäten Rettichen, Gründüngung und Heilpflanzen, etwa Ringelblumen, fleißig zu jonglieren.

Ständige Vorräte

Einige Pflanzen sollten in einem Gemüsegarten nie ausgehen. Ein Pflanzplan muss auch das berücksichtigen, und die Reihen sollten entsprechend belegt werden.

- **Salat** wird in der Küche immer gebraucht. Er sollte das ganze Gartenjahr über jederzeit verfügbar sein.
- **Dill und Basilikum,** in Abständen gesät, bringen fortlaufend frische Würze in die Küche.
- **Karotten** in Früh- und Spätkulturen füllen die Vitaminspeicher.

Mehrfache Ernte

Bis zu drei Ernten im Jahr sind auf manchen Gemüsereihen durchaus möglich. Beispielsweise erst Zwiebeln, dann Kohlrabi und schließlich für Herbst und Winter noch Ackersalat. Wichtig ist es, neben Pflanzen, die später viel Platz brauchen und aus der Reihe wachsen (z. B. Gurken), frühräumende Nachbarn zu säen oder zu pflanzen, deren Zeit dann schon um ist, wenn die Hauptreihe den Platz braucht. Sie kann sich dann über zwei Erntereihen ungestört ausbreiten. (Mehr dazu im Kapitel »Anbau und Ernte im Mischkulturengarten«, Seite 34ff.)

In jedem Frühling Neuland

Damit Gemüsepflanzen vorfinden, was sie brauchen, wenden wir im Mischkulturengarten ein denkbar einfaches System an: Wo im Vorjahr Gemüsepflanzen auf der Erntereihe standen, entsteht durch das

Weiterrücken aller Reihen nach rechts nun eine Düngereihe. Die Gemüsepflanzen dagegen landen auf den vorjährigen Düngereihen, finden damit fruchtbaren Boden, aber keine Spur von ihren »Artgenossen« vor. Sie stehen praktisch auf ausgeruhtem Neuland, das gut durchlüftet ist und ein reges Bodenleben besitzt. Bodenmüdigkeit kommt bei einer solchen Gartenkonzeption gar nicht erst auf.

Bodenbedeckung schont die Erde

Durch das Prinzip der Abwechslung ist der Boden immer bedeckt und trocknet nie aus. Das Bodenleben bleibt stets aktiv, denn das Mikroklima ist optimal. Unkraut wird unterdrückt. Die Zusammenstellung positiver Nachbarschaften fördert die Kulturen zusätzlich.

Gut geplant, gut gemischt

Im Frühling muss man genau wissen, wo im letzten Jahr was gestanden hat, um in der neuen Gartensaison keine Fehlbelegungen bei den Reihen zu begehen. Die Orientierung kann durch Etiketten erfolgen, die wetterfest beschriftet sind und im Winter draußen bleiben. Nachdem ich aber beobachtet habe, wie Elstern solche Schilder aus einer neu gepflanzten Blumenrabatte entfernten und ein andermal der Nachbarsjunge meine Etiketten zum Spielen einsammelte, mache ich meine Planungen nur noch schriftlich.

Das abwechslungsreiche Ineinandermischen der Kulturen erfordert Gedankenarbeit. Ein Pflanzplan (Seite 30/31) ist eine hilfreiche Stütze. So können Sie jederzeit nachprüfen, ob eine Reihenbelegung über einen längeren Zeitraum funktioniert hat.

Der Pflanzplan

Um den Überblick zu behalten, wird ein Pflanzplan angelegt. Es gibt also einen Plan auf Karo- oder Millimeterpapier, in den alle Bepflanzungen eines Gartenjahres eingetragen werden. Während des Winters, wenn die neuen Samen bestellt oder im Gartenfachgeschäft eingekauft werden, wird der Plan angelegt. Damit können Sie auch den Einkauf planen und sehen, welches Saatgut sie nachbestellen müssen. Jahr für Jahr werden diese Pläne dann abgeheftet.

Die Anlage eines Mischkulturengartens

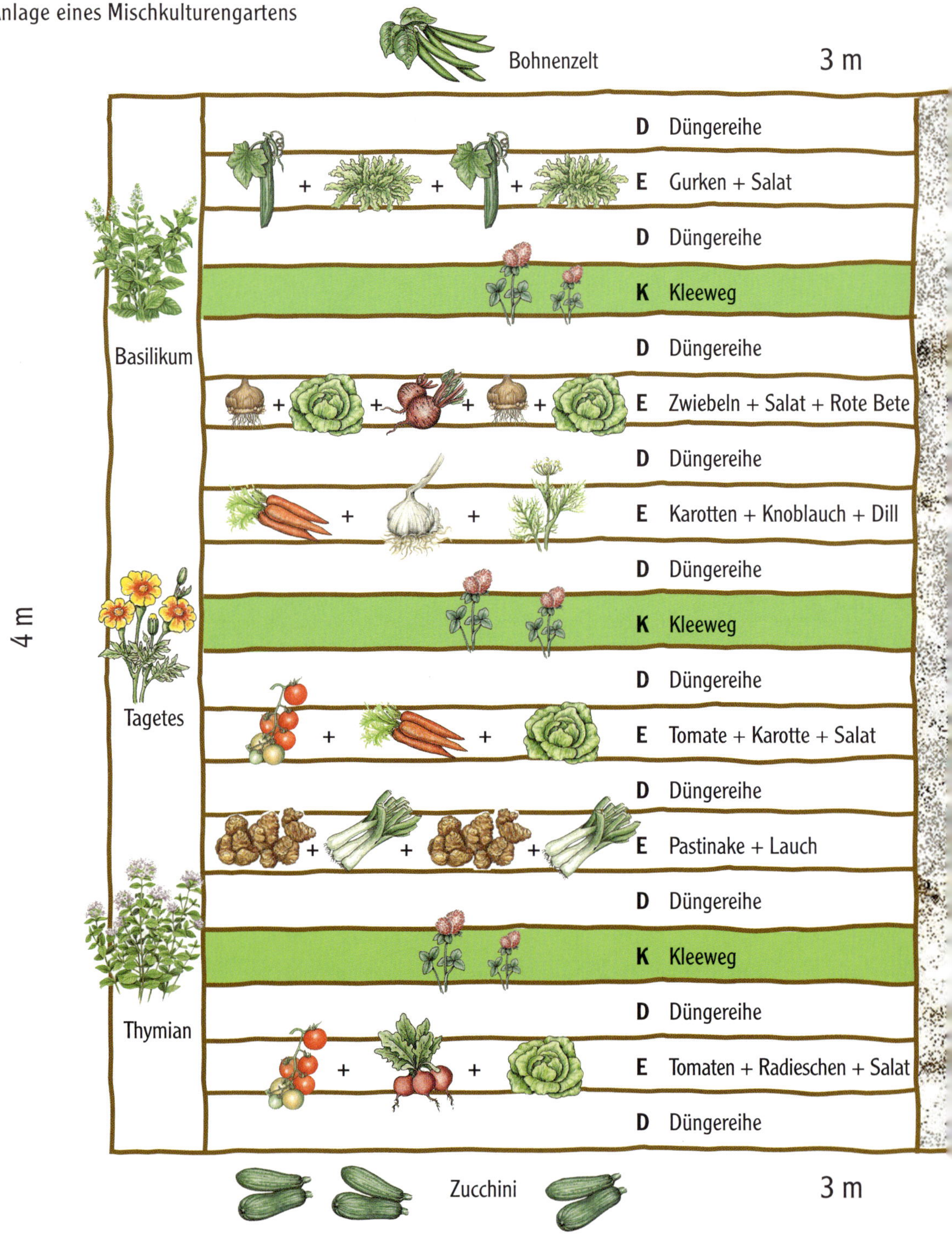

Eine Möglichkeit von vielen

D = Düngereihe
E = Erntereihe

K = Kleeweg
Reihenabstand ca. 20 cm

Wichtige Fragen zur Gartenplanung

Am Beginn eines Gartenjahres muss immer von neuem überlegt werden, wie man den Garten am besten anlegt. Folgende Fragen sollten Sie sich stellen, bevor Sie zum Spaten greifen:

- Wie groß wird diese Kultur?
- Wie viel Platz braucht sie?
- Sollten für diese Pflanzen wegen ihrer Größe mehrere Reihen zur Verfügung stehen, oder gedeihen sie auch auf einer Reihe gut?
- Was kann ich inzwischen, solange sie noch nicht so groß sind, auf den Reihen links und rechts davon anbauen?
- Sind die Pflanzen rechtzeitig erntereif, und räumen Sie den Platz?
- Vertragen die neuen Kulturen die vorangegangene als Vorfrucht?
- Werden sie auch in der richtigen Nachbarschaft stehen?

Wenn der Garten einmal angelegt ist, sind Sie in Ihren Möglichkeiten eingeschränkt. Deshalb erst planen – dann handeln!

Sorgfältige Planung ist wichtig für den Erfolg

So einfach die Reihenmischkultur arbeitstechnisch auch ist, sie erfordert doch einiges an Planung und Gedankenarbeit, und zwar bevor der Garten angelegt wird. Wenn einmal mit dem Säen und Pflanzen begonnen wurde, sind schon viele Dinge festgelegt. Sie können dann nicht einfach nach Lust und Laune säen und pflanzen. Wenn man sich aber an dieses bewährte und vielfach erprobte Prinzip hält, wird man dafür auch mit wirklichen Erfolgen im Garten belohnt, die man vorher vielleicht nie erleben konnte. Denn der Anbau in Mischkultur trägt ganz entscheidend zum Wohlbefinden der Pflanzen bei. Und Pflanzen, die sich wohl fühlen, gedeihen auch und bringen gute Erträge.

Die goldenen Regeln der Mischkultur

Diese Zusammenstellung der »goldenen Regeln« für eine Mischkultur soll Ihnen zeigen, wobei es bei diesem Prinzip des Gartenbaus ankommt. Sie sehen auf einen Blick, wie Sie vorgehen können, wenn Sie einen perfekt gestalteten Mischkulturengarten anlegen wollen.

■ **Keine Fläche ist unbegrünt** Wie in der Natur ist im Mischkulturengarten niemals eine Fläche unbegrünt. Der Boden ist dadurch immer gut durchwurzelt und bleibt locker. Die dauerhafte Begrünung wird erreicht durch ständigen Wechsel von Voraussaat, Zwischensaat (falls nicht sofort eine neue Kultur angelegt wird) und Nachsaat.

■ **Angepasste Bodenbearbeitung** Der Boden wird für die Einbringung der Saaten oder der Pflanzen nur so tief bearbeitet, wie es für diese erforderlich ist. Dadurch reißt ihre Wasserversorgung aus den tieferen Schichten nicht ab, und es braucht kaum gegossen zu werden.

■ **Der Garten wird nicht umgegraben** Die Erde wird nur einmal pro Jahr tiefgehend gelockert, z.B. mit der Grabegabel oder dem Sauzahn. Am besten geschieht dies nach der letzten Ernte im Herbst und vor Einbringung der abschließenden Senfsaat.

■ **Nur Gründüngung, Flächenkompost und Reifekompost** Tierischer Dünger kommt nicht auf die Reihen, er wird – falls er überhaupt Verwendung findet – vorher kompostiert, sonst lockt er Schädlinge an. Ein Mischkulturengarten kommt aber auch ohne tierische Düngung aus, chemische Düngung kommt ohnehin nicht in Frage.

■ **Keine Extradüngung** Da der Boden im Mischkulturengarten durch die ständig erfolgende natürliche Düngung dauernd fruchtbar und nährstoffreich ist, braucht im Frühling nicht extra gedüngt zu werden. Man kann sofort mit der Einsaat beginnen.

■ **Säen und Pflanzen ist überall möglich** Die Forderung nach »altgedüngten« Böden, wie sie z. B. Karotten und Zwiebeln brauchen, erfüllt der Boden eines langjährigen Mischkulturengartens. Auch stark zehrende Kohlarten finden überall einen reich gedeckten Tisch.

■ **Kompostierung** In den ersten Jahren nach Umstellung auf die Reihenmischkultur im Garten können bei einigen stark zehrenden Gemüsekulturen, zu denen neben Kohl auch Gurken, Tomaten und Sellerie gehören, allerdings noch leichte Engpässe in der Nährstoffversorgung auftreten. Für diese Übergangszeit sollte ein ausgereifter Kompost zur Verfügung stehen, der vor der Bestellung auf die Erntereihe gestreut und auch in das Pflanzloch mit eingebracht wird. Auch für die Düngereihen – also zum Flächenkompost – ist Reifekompost zu empfehlen.

Die Regeln der Mischkultur basieren auf den Grundprinzipien Begrünung, Kompost und kein Umgraben.

Eine reiche Ernte lohnt die Mühen des Gärtners.

Anbau und Ernte im Mischkulturengarten

Im Mischkulturengarten ist die zeitliche Abfolge der Pflanzen im Gartenjahr und ihre Nachbarschaft mit anderen Pflanzen von entscheidender Bedeutung. Nach der Spinataussaat, die die Gartenfläche für die Mischkulturreihen einteilt und als Gründüngung und als erste Mulchschicht dient, kann schon bald mit den Frühkulturen begonnen werden. Zu ihnen zählen Karotten, Zwiebeln und alle frühen Salate. Und es ist von großer Bedeutung, dass sich die Pflanzen möglichst gut ergänzen. Im Folgenden werden die Grundregeln für die wichtigsten Pflanzen im Mischkulturengarten ausführlich dargestellt.

Die wichtigsten Gemüsearten von A bis Z

Ackerbohne (Saubohne/Pferdebohne)

Die Ackerbohne ist eine Leguminose. An ihren Wurzeln befinden sich Knöllchenbakterien, die den Stickstoff der Luft sammeln und den Boden mit diesem Nährstoff versorgen. Sie hat tief gehende Wurzeln und lockert den Boden. Als Voraussaat kann die Ackerbohne schon sehr früh im Jahr ausgebracht werden, denn Frühjahrsfröste schaden ihr nicht. Wenn sie gut 30 Zentimeter hoch ist, wird sie spätestens abgehackt und verrottet rasch zu Kompostmaterial. Dann wird in die Reihe eingesät oder gepflanzt.

Blaukraut enthält Selen. Selen ist ein wichtiger Immunstoff. Es wirkt außerdem blutdrucksenkend, versorgt Muskeln mit Sauerstoff (speziell den Herzmuskel) und hilft bei der Produktion von Antikörpern gegen Krankheitserreger.

Blaukraut (Rotkraut/Rotkohl)

Blaukraut gehört zu den Kohlpflanzen und ist traditionell in unseren Breiten heimisch. Seine Besonderheit ist, dass es dem Boden mehr als jede andere Pflanze das Spurenelement Selen entzieht.

Anbau
Viel Licht, viel Zeit zur Pflege und reichliche Nährstoffzufuhr braucht das Blaukraut. Man muss wirklich Geduld mit ihm haben und darf es keinesfalls zu eng stellen oder in den Schatten säen. In der Reihe beträgt der Mindestabstand 50 Zentimeter.
Blaukraut kann ab April ausgesät werden. Wenn man Setzlinge verwenden will, werden diese je nach Sorte Ende April bis Anfang Mai ins Freiland gepflanzt. Die Düngereihen müssen reichlich mit Flächenkompost versorgt werden, um den beträchtlichen Nährstoffbedarf des Blaukrauts zu decken.
Der günstigste Zeitpunkt für die Ernte von Lagergemüse liegt Anfang bis Mitte November, solange tagsüber noch keine Fröste herrschen. Wenn die Temperaturen nachts einmal unter 0 °C sinken, ist das nicht weiter tragisch. In angefrorenem oder nassem Zustand sollte man die Köpfe allerdings nicht ernten.
Am besten wird Blaukraut mit oder ohne Wurzeln in einer Lattenkiste eingelagert. Wenn das Gemüse ohne Wurzel eingelagert wird, sollten etwa fünf Zentimeter des Strunks stehen bleiben.
Als Mischkulturenpartner geeignet sind Borretsch, Buschbohnen, Erbsen, Karotten, Phacelia, Salate, Sellerie, Spinat.
Als Mischkulturenpartner nicht geeignet sind Knoblauch, Kohlarten (außer Blumenkohl), Tomaten und Zwiebeln.

Damit der Sellerie große Knollen bekommt, pflanzt man ihn als Mischkultur in der Blumenkohl- oder Frühkohlreihe.

Wichtig: Die kleinen Kohlpflänzchen müssen tief gepflanzt werden, so dass der Blattansatz mit dem Boden abschließt. Dadurch wird der Wurzelhals geschützt und die Wurzelbildung gefördert. Blaukraut darf nicht zu früh geerntet werden, sonst ist es nicht lagerfähig. Es muss ausgereift sein.

Blumenkohl

Blumenkohl stammt ursprünglich aus südlicheren Ländern. Er ist ein nährstoffreiches, kalorienarmes Kohlgemüse. 100 Gramm Blumenkohl enthalten nur 25 Kilokalorien. Er gehört zu den gesündesten Gemüsen, denn er stärkt die Immunabwehr, schwemmt Wasser im Körper aus und beugt Gelenkschmerzen vor.

Anbau
Blumenkohl gibt es als Früh- oder Spätsorten. Je nach Bedarf sollte im Abstand von 30 Tagen immer nur wenig ausgebracht werden. Ab Mitte April bis in den Juni hinein kann Blumenkohl ausgesät werden.

Werden vorgezogene Pflänzchen verwendet, pflanzt man sie von Mai bis Mitte Juli ins Freiland. Die Pflänzchen müssen schon bald auf einen Abstand von 40 bis 50 Zentimeter in der Reihe vereinzelt werden, damit sie sich gut entwickeln können. Sobald die Blume erscheint, sollte man sie durch Einknicken der Blätter vor Licht schützen, damit sie hell und appetitlich bleibt. Gegen die Pilzerkrankung Kohlhernie hat sich der Anbau von Blumenkohl mit Tomaten bewährt.
Aprilsaaten erntet man von Juni bis Juli, Maisaaten im Juli oder August und Junisaaten im August bis September.
Als Mischkulturenpartner geeignet sind Buschbohnen, Phacelia, Sellerie und Tomaten.
Als Mischkulturenpartner nicht geeignet sind die meisten Kartoffeln, Kohlarten (Ausnahme: Blaukraut) und Zwiebeln.

Durch die frühe Spinateinsaat auf den Düngereihen links und rechts wachsen die Buschbohnen im Jugendstadium sehr geschützt auf, und die Erde bleibt feucht, was für die Keimung wichtig ist.

Buschbohnen

Wenn wir Buschbohnen in der Reihe auslegen, erhalten wir eine frühere Ernte als bei Stangenbohnen. Buschbohnen brauchen auch keine Stützhilfe. Ihr Anspruch an Boden und Standort ist relativ gering. Die meisten Sorten gedeihen sogar im Halbschatten.

Aus den zarten Bohnenblüten entwickelt sich das beliebte Gemüse.

Anbau
Vier bis sechs Bohnenkerne werden im Abstand von 30 Zentimeter in der Reihe ausgelegt. Eine Aussaat ist bis Mitte Juli möglich. Wenn man das Auslegen zeitlich versetzt (alle drei Wochen) vornimmt, kann man laufend kleinere Mengen ernten und verlängert somit die Ertragszeit insgesamt. Nach gut acht Wochen beginnt die Ernte. Die Bohnen müssen vorsichtig gepflückt werden, um die Pflanzen nicht zu verletzen oder auszureißen. Der Ertrag ist umso höher, je frühzeitiger mit der Ernte begonnen wird und umso konsequenter die jeweils herangereiften Bohnen gleich abgeerntet werden.
Als Mischkulturenpartner geeignet sind Borretsch, Dill, Erbsen, Erdbeeren, Gurken, Kartoffeln, Kohlarten, Radieschen, Rettich, Rote Bete, Sellerie und Tomaten.
Als Mischkulturenpartner nicht geeignet sind Fenchel, Stangenbohnen, Zwiebelgewächse wie Lauch, Schnittlauch und Gemüsezwiebeln.

Stangenbohnen

Die Stangenbohnen stammen wie alle Hülsenfrüchte ursprünglich aus Mexiko, Mittel- und Südamerika und sind wichtige Eiweißlieferanten. Für sie muss in den Beeten viel Platz eingeplant werden (siehe Seite 25).

Auf der Reihe werfen Stangenbohnen möglicherweise unerwünschten Schatten auf die Nachbarpflanzen. Sie sollten auf alle Fälle in Nord-Süd-Richtung stehen, dann ist das Problem am geringsten.

Anbau
Stangenbohnen können am Spalier in der Reihe (je zwei Stangen werden im Abstand von 60 bis 80 Zentimeter zusammengestellt) oder nach alter Gewohnheit an den zum Indianerzelt zusammengestellten Stangen hochranken. In der Reihe brauchen sie für den Start die Nährstoffe des Flächenkomposts von der Düngereihe.
Da sie schon bald nach dem Aufgehen eine Kletterhilfe benötigen, werden zuerst die Stützen in den Boden gesteckt.
Wichtig für die Aussaat: Man zieht um jede Stange eine etwa zwei Zentimeter tiefe kreisförmige Rille und legt darin jeweils fünf bis acht Kerne aus, die mit etwas Erde bedeckt werden.
Stangenbohnen sollten von Mitte bis Ende Mai, also nach den so genannten Eisheiligen, bis Ende Juni ausgelegt werden.

Besonders bewährt hat sich die zarte Bohnensorte Blauhild, die violett blüht und dunkelblaue Bohnen bildet (sie sind im grünen Geranke besonders gut zu erkennen), die beim Kochen grünfleischig werden.

Nach dem Auslegen der Kerne deckt man sie mit Erde ab und achtet darauf, dass diese nicht austrocknet. Später, wenn die Bohnen aufgelaufen sind, werden sie etwas angehäufelt.

Stangenbohnen fruchten später als Buschbohnen, dafür hält ihr Ertrag meistens auch bis zum ersten Frost an. Insgesamt bringen Stangenbohnen etwa die dreifache Erntemenge.

Als Mischkulturenpartner geeignet sind Gurken, Rote Bete, Salate, Sellerie und Spinat.

Als Mischkulturenpartner nicht geeignet sind Buschbohnen, Erbsen, Lauch und Zwiebeln.

Trick zum Anleiten der Bohnenranken

Im Laufe der Jahre habe ich noch einen besonderen Trick gefunden, der die Kultur erleichtert und Arbeit einspart:

- Ich stülpe über die zusammengebundenen Stangen des Indianerzeltes einen Plastikring mit ca. 30 Zentimeter Durchmesser.
- Gleichmäßig darauf verteilt sind kleine Bohrlöcher zur Befestigung einer Schnur für jede aufgestellte Stange.
- Der Plastikring rutscht etwa 25 Zentimeter über die Stangen nach unten, dann bleibt er an den Schrägen stecken. Er wird so gedreht, dass zu jeder Stange ein Bohrloch passt.
- Durch die Löcher wird Schnur oder Draht in Länge der Stange gefädelt und am unteren Ende der Stange knapp über der Erde festgebunden. Dazu habe ich eine kleine Schraube in die Stange gedreht, um die ich meine Schnur straff wickeln kann.
- Damit erreiche ich zweierlei: Erstens verleiht diese Konstruktion dem Indianerzelt zusätzliche Festigkeit, und zweitens helfe ich den Bohnen beim Klettern. Denn nun haben die jungen Bohnenpflänzchen, die sich anfangs ein bisschen schwer tun, sich um eine dicke Stange zu ranken, eine Rankhilfe. Sie können sich um die dünne Schnur winden, von der aus sie dann irgendwann auch die Stange erobern.
- Die Schnur bewahrt sie zudem davor, vom Wind weggeblasen zu werden oder herabzuhängen. Das Ranken ist kein Problem mehr. Die Mühsal des immer wieder Anleitens oder gar Festbindens der Bohnenranken gehört mit dieser einfachen Kletterhilfe der Vergangenheit an.

Chinakohl

Chinakohl gehört zu den Kohlpflanzen. Er sieht jedoch nicht wie Kohl aus, sondern erinnert eher an den Zuckerhutsalat. Chinakohl bläht nicht, er schmeckt auch nicht wie Kohl, denn er enthält kein Senföl. Man kann ihn auf zweierlei Art zubereiten: entweder dünsten wie Gemüse oder roh zubereiten wie Endivie.

Chinakohl ist äußerst kalorienarm und deshalb ideal für Schlankheitskuren. Zudem enthält er wertvolle Ballaststoffe und gesundes Vitamin C.

Anbau

Man sät Chinakohl am besten an Ort und Stelle in Reihen. Der richtige Abstand auf der Reihe beträgt 30 bis 40 Zentimeter. Empfehlenswert für unsere Breiten ist die Sorte Granat. Sie verträgt auch die ersten Herbstfröste (bis maximal minus 5 °C).
Chinakohl sollte nie vor Mitte Juli gesät werden, weil er sonst als Langtagspflanze bald zu blühen beginnen würde. Köpfe bildet er nur, wenn es weniger als zwölf Stunden am Tag hell ist.
Chinakohl kann frisch verbraucht werden, er eignet sich aber auch für den Wintereinschlag in einem luftigen Keller, am besten in Sand oder leichter Erde, die stets etwas feucht gehalten werden muss.
Als Mischkulturenpartner geeignet sind Bohnen, Erbsen, Kohlrabi und Spinat.
Als Mischkulturenpartner nicht geeignet sind Radieschen und Rettiche.

Erbsen

Vermutlich stammt die Erbse ursprünglich aus dem Orient, bei uns heimisch ist sie seit vorgeschichtlicher Zeit. Erbsen sind ballaststoffreich und überrunden die anderen Hülsenfrüchte an Beliebtheit.

Anbau

Die Saattiefe beträgt sechs Zentimeter. Die Saatrille kann auch etwas tiefer sein, wird dann aber zunächst nicht völlig verfüllt. Erst wenn die Erbsen aufgegangen sind, zieht man sie ganz zu. Die Pflanzen haben dann einen festeren Stand und mehr Feuchtigkeit.

Ob Erbsen eine Stütze brauchen oder nicht, richtet sich nach der Sorte. Niedrige Sorten sind pflegeleichter.

Erbsen sind eine gute Vorkultur. Bei der Ernte bleiben die Wurzeln im Boden. Ihre Knöllchenbakterien haben Stickstoff gesammelt, der nun für andere Kulturen zur Verfügung steht.

Der Abstand der Samen auf der Reihe sollte zwei bis drei Zentimeter sein. Nach dem Auslegen wird die Saat noch etwas angeklopft. Wichtig: Bei Erbsen wird immer in fortlaufender Reihe gesät, nicht in Horsten wie beispielsweise bei Buschbohnen.

Sehr früh können Brockelerbsen ausgesät werden, da sie nicht frostempfindlich sind. Man kann Brockelerbsen schon von Anfang März bis Ende April in den Boden legen.

Markerbsen sind im Jugendstadium frostempfindlich. Man legt sie keinesfalls vor Mitte April, eher noch etwas später, aus. Letzter Saattermin für Markerbsen ist Mitte Juli.

Erbsen brauchen – wie auch die Zwiebeln – unbedingt Bodenschluss. Durch die Kulturweise auf den Mischkulturenreihen, die nicht umgegraben, sondern nur gelüftet werden, haben Erbsen in dieser Hinsicht ideale Bedingungen.

Niedrige Erbsensorten brauchen keine Stützen. Solche, die höher als 50 Zentimeter werden, sollte man an Maschendraht oder eine ähnliche Rankhilfe heranziehen und eventuell festbinden. Besser ist es, im Hausgarten diesen Aufwand zu vermeiden, indem man nur niedrige Sorten wählt.

Wenn die jungen Erbsenpflanzen etwa 15 Zentimeter hoch sind, werden sie leicht angehäufelt. Für den Erntezeitpunkt gilt die Faustregel: Die Körner müssen vollständig ausgebildet, die Hülsen aber noch grün sein. Es wird morgens geerntet, wenn die Pflanzen noch die Kühle der Nacht in sich haben. An gewitterschwülen Tagen darf nicht geerntet werden, denn Erbsen sind leicht verderblich. Sie müssen nach der Ernte noch am selben Tag verarbeitet oder konserviert werden.
Als Mischkulturenpartner geeignet sind Karotten, Kohlarten, Radieschen, Rettich, Salate, Sellerie, Spinat.
Als Mischkulturenpartner nicht geeignet sind andere Erbsen, Bohnen, Lauch, Tomaten und Zwiebeln.

Sehr empfehlenswert ist es – wenn kein Gemüse zwischen die Erdbeeren gepflanzt werden soll –, vor der Pflanzung der Erdbeeren noch Senf einzusäen. Auf jeden Fall sollten die jungen Erdbeerpflänzchen nicht schutzlos auf blankem Boden stehen.

Erdbeeren

Die Erdbeere ist in Europa heimisch. Sie gehört zur Gruppe der Rosengewächse. Neben der wilden Walderdbeere gibt es zahlreiche Zuchtsorten, etwa die Gartenerdbeere mit ihren großen Früchten. Erdbeeren sind auch gesund: Sie lindern unter anderem Verdauungsstörungen, kräftigen das Immunsystem und den Stoffwechsel, wirken blutbildend und fördern das Zellwachstum.

Erdbeeren in Salat gesetzt

▶ Eine gangbare Methode, Erdbeeren zu pflanzen, ist es, die Erdbeerpflänzchen in eine noch bestehende Reihe zwischen Endiviensalat zu setzen. Sie können sich im Schutz dieses Salats gut entwickeln und haben später, nach Abernten der Endivie, die Reihe für sich allein.

▶ Erdbeeren sind anfällig für Schimmel. So beugen Sie vor: Im Herbst oder spätestens im zeitigen Frühjahr kommen außer Salat nach Steckzwiebeln, Lauch oder Knoblauch auf die Reihe zu den Erdbeerpflanzen. Diese Zwiebelgewächse unterdrücken die Schimmelbildung.

▶ Wenn jedoch bei Erdbeeren zu wenig Luftbewegung stattfindet, beispielsweise weil sie vor Hecken oder an engen Zäunen stehen, wird Schimmelbildung regelrecht gefördert.

Im Spätherbst oder im zeitigen Frühjahr müssen die Erdbeerpflanzen gründlich geputzt werden. Alle abgestorbenen Blätter und Stängel sind sorgfältig zu entfernen; auch das ist eine wichtige Vorsorgemaßnahme gegen Pilzkrankheiten, z. B. die Weißfleckenkrankheit.

Anbau

Erdbeeren sind ursprünglich Waldrandpflanzen, die humus- und nährstoffreiche Böden lieben. Wichtig ist die richtige Pflanztiefe. Die Hüllblätter des Treibansatzes dürfen nicht über der Erde liegen und nicht zu tief in der Erde stecken, sondern sollten mit der Erdoberfläche abschließen. Da in den Zwischenräumen der auf 20 bis 30 Zentimeter Abstand gesetzten, noch sehr schmalen Pflänzchen viel freier Platz ist, kann jetzt noch Kopfsalat, Pflücksalat, Kohlrabi oder Spinat dazwischen gesät oder gepflanzt werden.

Erdbeerpflanzungen werden bereits im Spätsommer – am besten im August – vorgenommen, denn die Blütenansätze in den Knospen werden im Herbst angelegt. Wenn die Jungpflanzen richtig eingewurzelt sind, sollte man im Vorwinter eine Düngung mit Brennnesselbrühe vornehmen, die neben die Wurzeln gegossen wird (Zubereitung siehe unter »Brühen« im Kapitel »Tipps und Tricks«, Seite 88).

Zwischen Blüte und Reife der Früchte wird am besten Stroh unter die Pflanzen geschoben, um eine Berührung der Erdbeeren mit dem feuchten Boden zu verhindern. Auch holziges Schreddermaterial ist gut geeignet. Solche Unterlagen sind wasserdurchlässig und trocknen nach jedem Regen rasch wieder ab.

Erbeeren, Zwiebeln und Salat – eine gelungene Nachbarschaft, die sich gegenseitig nützt.

Der Vorteil: Die Früchte reifen auf den trockenen Materialien gut aus und bleiben sauber, Fäulnis und Pilzbefall werden vermindert. Man kann Erdbeeren fortlaufend ernten, sobald sie reif sind. Sie sollten immer ganz frisch verzehrt werden, denn ihr intensives Aroma verflüchtigt sich sonst sehr rasch.
Als Mischkulturenpartner geeignet sind Buschbohnen, Knoblauch, Kohlrabi, Lauch, Radieschen, Rettich, Spinat und Zwiebeln.

Fenchel

Knollenfenchel, dieses exzellente mediterrane Gemüse, kann auch im eigenen Garten kultiviert werden. Es ist der Bologneser oder süße Fenchel, der für Salat- oder Gemüsezubereitung geeignet ist. Wer abnehmen will, ist mit Fenchelgemüse gut bedient: Fenchel bindet Fett schon im Darm, es kann sich dann nicht mehr in Speckpolstern ansetzen. Seine vielen gesunden Inhaltsstoffe entfaltet Fenchel am besten, wenn er roh gegessen wird.

Der Rand der Kompostabdeckung sollte rund geformt und etwas erhöht sein. Dadurch läuft Regen- oder Gießwasser sicher in den Wurzelbereich. Auf diese Weise wird auch vermieden, dass die Erde über den Wurzeln zu fest wird.

Anbau

Vor dem Anbau von Fenchel empfiehlt es sich, noch eine Vorfrucht auszubringen, beispielsweise Salat. Auch Rettiche, Blumenkohl und Kohlrabi, die früh das Feld räumen, sind als Vorfrüchte geeignet. Fenchel wird in unserer Klimazone in der Zeit von Juni bis Mitte Juli auf den Reihen ausgesät. Nach einiger Zeit werden die Pflänzchen auf 20 bis 25 Zentimeter vereinzelt. Sobald sich Knollen bilden, spätestens Ende September, häufelt man sie etwas an, damit sie bis zur Ernte schön hell bleiben. Die Fenchelernte findet ab Mitte Oktober bis Anfang November statt. Bis zu minus 5 °C kann die Pflanze vertragen.
Fenchel eignet sich recht gut zum Einschlagen im Keller. Dazu wird das Laub handhoch über der Knolle abgedreht oder abgeschnitten, und auch die Wurzeln werden um die Hälfte eingekürzt. In feuchter Erde oder Sand halten sich die Knollen einige Wochen frisch.
Als Mischkulturenpartner geeignet sind Gurken und Salate.
Als Mischkulturenpartner nicht geeignet sind Bohnen, Kohlrabi und Tomaten.

Gurken

Zum Gießen darf nur abgestandenes Wasser verwendet werden, nie eiskaltes Leitungswasser. Am besten eignet sich zum Gießen aufgefangenes Regenwasser.

Vermutlich ist Ostindien die Heimat der Gurken. Um 500 v. Chr. wurden sie bei den Griechen und später bei den Römern kultiviert. Das Wärme liebende Gemüse enthält sehr viel Wasser – bis zu 95 Prozent –, aber auch wertvolle Inhaltsstoffe, etwa Vitamin E und Silicium.

Anbau

Am besten gedeihen Gurken in windgeschützter Lage auf lockeren, warmen, humosen Böden. Wo das Klima zu rau ist, sollten sie im Kasten gezogen werden. Für die Gurkenkultur brauchen wir mindestens vier Reihen, damit die Pflanzen sich ausbreiten können.

Wer lieber vorgezogene Pflanzen ausbringen möchte, sollte beachten, dass er kräftige, gedrungene Exemplare mit einem guten Topfballen wählt. Schwache Pflanzen sind anfällig für Mehltau, Viruskrankheiten und saugende Schadinsekten. Pflanzen, die aus vor Ort gesäten Samen aufgehen, sind am widerstandsfähigsten und bringen die sichersten Erträge. Als Vorfrucht eignen sich Ackerbohnen, als Nachbar auf den Reihen ist Kopfsalat ideal, da er geerntet wird, wenn die Gurken beginnen sich auszubreiten. Er kann am Anfang zwei der vier für die Gurken vorgesehenen Reihen besetzen.

Die Aussaat der Gurken erfolgt nach den Eisheiligen. Dazu legt man am besten im Abstand von 40 bis 60 Zentimeter vier bis sechs Samen flach in Horstsaat aus. Nach der Aussaat und dem Auflaufen sollte dann noch eine dünne Schicht von absolut reifem Kompost über die Wurzelballen gelegt werden, damit die sich flach ausbreitenden Gurkenwurzeln nicht austrocknen.

Platz sparende Anbaumethode für Gurken

Man kann dann mit zwei Reihen auskommen, wenn man einen ca. einen Meter hohen Maschendrahtzaun aufstellt, an dem die Gurken hochranken können. Ich stelle diese Kletterhilfe in die Mitte von vier Reihen. Dann können sich die Pflanzen sowohl links und rechts davon auf dem Boden fortbewegen als auch hochranken, und ein knapper Gartenplatz ist gut genutzt.

Die Gurkenwurzeln sollten immer gut bedeckt sein. Auf die Kompostabdeckung kann noch ein dünner Schleier von Kräutern gelegt werden. Bewährt hat sich auch eine Untersaat von Basilikum und/oder Ackersalat. Um den Boden zu verbessern, sollte man keinesfalls frischen Stallmist verwenden, da der unverrottete Dung allein schon durch den Geruch, den er ausströmt, schädliche Insekten anlockt, die den empfindlichen Gurkenpflänzchen schaden können. Besser ist es, den Boden gründlich zu lockern, ihn mit reifem Kompost zu mischen und etwas anzuhäufeln, damit die Gurkenpflanzen leicht erhöht stehen. Später lassen wir ein bis zwei Horstpflanzen stehen. Ist eine Kletterhilfe aufgebaut, dürfen es links und rechts davon auch drei bis vier sein, wovon sich dann idealerweise zwei auf dem Boden ausbreiten und eine bis zwei ranken. Gurkenwurzeln lieben die Luft, die Gurkenpflanzen müssen fleißig (aber nur ganz flach) gehackt werden.
Einige Zentimeter nach dem fünften Blatt werden Gurkenpflanzen entspitzt, d. h., der Trieb wird an dieser Stelle abgezwickt. Die abrupt am Längenwachstum gehinderte Gurkenpflanze bildet nun jede Menge Seitentriebe. Und an diesen bilden sich die meisten Früchte.
Bei der Ernte sollte man vorsichtig mit den Ranken der Gurken umgehen und die Früchte mit der Schere abschneiden, anstatt sie abzureißen. Sie danken es mit weiteren Blüten und Früchten. Durch das Abschneiden kann man es auch am ehesten vermeiden, die Ranken zu viel zu bewegen. Das mögen sie nämlich überhaupt nicht. Wenn sie zu viele Erschütterungen ertragen müssen, hören sie auf zu blühen und zu fruchten, es wachsen keine Gurken mehr heran.
Als Mischkulturenpartner geeignet sind Basilikum, Dill, Fenchel, Salate, Sellerie, Spinat, Stangenbohnen und Zwiebeln.
Als Mischkulturenpartner nicht geeignet sind Radieschen, Rettich.

In der Gurkenschale steckt sehr viel Vitamin E. In Mischkultur angebaute Pflanzen brauchen keine chemische Düngung; deshalb können Sie die Schale mitessen.

Karotten

Die Karotte ist eine unempfindliche Pflanze, die auch raue Witterung gut übersteht. In der Küche ist sie vielseitig einsetzbar und außerdem gesund: Sie enthält viel Selen, das das Immunsystem stärkt und zudem den Blutdruck senkt und die Muskeln mit Sauerstoff versorgt.

Karotten gehören zu den Pflanzen, die sich nicht mit sich selbst vertragen. Also: keine zwei Reihen dieses Gemüses nebeneinander!

Anbau

Karotten brauchen lockere und stets feuchte Böden, die tiefgründig sein müssen, sonst verzweigen sich die Wurzeln, das Kraut bekommt einen holzigen Stängel und schießt in Samen. Sie sollten in der Reihe im Abstand von vier bis fünf Zentimeter stehen. Das erreicht man eigentlich nur mit Pilliersaat. Karotten keimen langsam, sie brauchen etwa drei Wochen. Karottensamen sollten zur besseren Aussaat mit Sand verdünnt werden.

Im zeitigen Frühjahr sät man halblange Sorten, etwa Nantaise oder Marktgärtner. Sie sind für den Sommerbedarf gedacht. Im Juni kann man diese Saat wiederholen. Für den Herbstbedarf kann man schnell wachsende Sorten auch noch im Juli säen. Die ausgesprochenen Lagersorten sät man schon Anfang Mai, denn sie haben eine längere Entwicklungszeit.

Stallmist ist Gift für die Karotten. Er lässt das Kraut auf Kosten der Wurzeln wachsen und zieht die Möhrenfliegen unwiderstehlich an.

Je nach Früh- oder Spätaussaat erfolgt auch die Ernte: Im zeitigen Frühjahr gesäte Sorten werden im Sommer geerntet. Die Karotten aus der späteren Saat vom Juni oder Juli und Lagersorten werden im Herbst geerntet.

Als Mischkulturenpartner geeignet sind Dill, Erbsen, Knoblauch, Kohlarten, Kresse, Lauch, Radieschen, Rettich, Salate, Schnittlauch, Tomaten und Zwiebeln.

Als Mischkulturenpartner nicht geeignet sind Karotten und Pfefferminze.

Aussaat von Karotten mit Sand

Um normalen Samen zu verdünnen, werden auf einen Teil Samen mindestens 20 bis 30 Teile trockener Sand gegeben. Diese Mischung wird zusammen mit Dill dünn in flache Rillen ausgesät.

- Anschließend leicht mit Erde abdecken und etwas anklopfen.
- Jetzt alle zehn Zentimeter ein Körnchen Radieschensamen eindrücken, damit die Karottenreihe recht bald erkennbar wird und die Zwischenräume von Unkraut freigehalten werden können.

Was gegen die Möhrenfliege hilft

- Zwiebeln, Lauch, Schnittlauch, Knoblauch wehren die Möhrenfliege ab.
- Keine Karotte im Boden lassen, auch keine abgebrochene, denn darin können die Maden überwintern.
- Lieber dünn säen, als vereinzeln, denn in die Risse, die beim Vereinzeln der Pflanze im Boden entstehen, legen die Möhrenfliegen gerne ihre 150 weißlichen Eier (pro Fliege) ab.
- Durch späte Aussaat (erst Anfang Juni) kann man zumindest der ersten Generation der Fliegen aus dem Weg gehen, denn die kleinen Pflänzchen bekommen so einen Vorsprung und sterben nicht mehr ab, wenn es zu einem späteren Befall kommen sollte.
- Wichtig ist auch, die Saatreihe möglichst gut abzudecken, damit die Fliegen keine Bodenritzen finden. Dazu müssen die Pflanzen von Anfang an auf dem richtigen Abstand stehen.

Kohlrabi

Wie alle Kohlgemüse wird Kohlrabi schon seit Jahrhunderten in Europa kultiviert. Das Gemüse ist auch besonders gesund, denn es enthält bestimmte B-Vitamine und sehr viel Vitamin C. Außerdem verhilft es zu einem gesunden Hormonspiegel und stärkt das Immunsystem.

Kohlrabi ist ein ideales Diätgemüse, denn er hat wertvolle Inhaltsstoffe, aber nur wenige Kalorien. Säen Sie im Monatsabstand von April bis September, dann haben Sie immer genug Nachschub.

Anbau

Am meisten Probleme macht man der Kohlrabipflanze, wenn man sie zu früh pflanzt und damit Spätfrösten aussetzt, was zu Wachstumsstockungen und damit zum Verholzen führt. Ungünstig für ihr Gedeihen ist auch, wenn man sie an einen Standort sät oder pflanzt, der ihr zu wenig Licht lässt, wenn man sie schlecht ernährt, ihr zu wenig Feuchtigkeit gibt, sie zu tief pflanzt oder die Pflanzabstände zu eng wählt.

Wir säen Kohlrabi frühestens Ende April, damit die Pflänzchen erst nach den Eisheiligen aus der Erde kommen. Wenn wir Pflanzen ausbringen, dann ebenfalls erst nach den Eisheiligen. Bei Kohlrabi gibt es frühe und späte Sorten. Die Spätsorte Blauer Speck z. B. wird Mitte Juli gesät und kann gelagert werden.

Die Wurzel wird fest im Boden angedrückt, aber der Stängel, an dem sich später die Knolle bildet, bleibt über dem Boden. Die Düngereihe muss gut mit Flächenkompost besetzt sein. Zwischen jede Kohlrabipflanze setzen wir einen Kopfsalat, damit der Abstand zwischen den Kohlrabis groß genug ist. Auf diese Weise entwickelt sich eine kräftige Knolle, und die Pflanzen bekommen genügend Licht von allen Seiten.
Als Mischkulturenpartner geeignet sind Bohnen, Erbsen, Erdbeeren, Lauch, Rote Bete, Salat, Spinat und Tomaten.
Als Mischkulturenpartner nicht geeignet ist Fenchel.

Das Senföl Allizin, von dem Lauch viel enthält, hat antibakterielle Wirkung. Wie Knoblauch und Zwiebeln senkt Lauch den Cholesterinspiegel.

Lauch (Porree)

Lauch stammt ursprünglich aus den südlichen Ländern Europas. Wie Bärlauch und Knoblauch hat er einen Anteil an schwefelhaltigen Aromastoffen, die ihm seinen scharfen Geschmack verleihen.

Anbau

Am besten sät man Lauch zusammen mit einer schmalwüchsigen Partnerpflanze aus, beispielsweise mit Rettich oder Roten Beten. Er gehört zu den Langsamkeimern und braucht etwa drei Wochen zum Keimen. Der Abstand zwischen den Lauchpflanzen sollte etwa 20 bis 25 Zentimeter betragen. Wenn sie durch das Säen enger stehen, werden sie entsprechend vereinzelt. Lauch kann zweimal im Jahr angebaut werden, im Frühjahr oder im Herbst. Für die Frühjahrspflanzung sät man Lauch spätestens im April auf 20 Zentimeter breiten Erntereihen.

Lauch und Erdbeeren mögen sich

Lauch eignet sich hervorragend als Zwischenpflanze in der Erdbeerreihe. Dazu werden die Pflanzen oben etwas gestutzt und mit den Wurzeln einige Stunden in Beinwell- oder Brennnesselbrühe (siehe Kapitel »Tipps und Tricks«, Seite 84) gestellt. Dann dreht man mit dem Setzholz Löcher zwischen den Erdbeeren, stellt die Lauchpflanzen einfach hinein und gießt sie an. Im Lauf der Zeit wird der Boden durch Regenfälle weiter eingeschwemmt. So entwickelt sich Lauch am besten und liefert überdurchschnittliche Ernten bis zum Frühjahr.

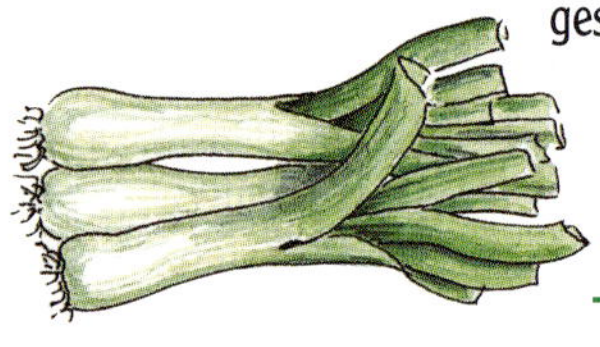

Am besten gedeiht Paprika an einem sonnigen Standort. Sie liebt einen warmen, humosen und nicht zu kalkhaltigen Boden.

Wenn die Absicht besteht, im Spätsommer oder Herbst noch Lauch auszupflanzen, beispielsweise in neu angelegte Erdbeerreihen, kann ein kleines Stück der Lauchreihe vom Frühjahr unverzogen bleiben. Aus dieser Reihe können dann noch Setzlinge entnommen werden, die sich durch den dichten Stand im Lauf des Sommers nur mäßig entwickelt haben.
Zur Ernte wird der Lauch über dem Wurzelboden abgeschnitten. Die Wurzel selbst bleibt in der Erde und kann verrotten.
Als Mischkulturenpartner geeignet sind Erdbeeren, Karotten, Knoblauch, Sellerie, Spinat und Tomaten.
Als Mischkulturenpartner nicht geeignet sind Bohnen und Erbsen.

Paprika

Paprika ist ein Nachtschattengewächs wie die Tomate und hat auch ähnliche Ansprüche an Klima, Boden und Pflege. In unseren Gärten führt diese Verwandte der Tomate aber eher ein Schattendasein. Dabei ist die Paprika sehr gesund: Ihr wichtigster Wirkstoff Capsaicin ist ein altbekanntes Heilmittel bei Durchblutungsstörungen.

Als Gemüse aus dem Süden ist Paprika sehr kälteempfindlich und leidet bereits unter nasskaltem Maiwetter.

Schädlinge der Paprika

Weil Paprika auch Feinde hat, muss man sie sorgfältig beschützen – vor allem vor Läusen und der weißen Fliege. Der beste Schutz ist die Mischsaat.

▶ Bei Befall mit Läusen hilft es oft, die ersten befallenen Blätter abzulösen und zu verbrennen.

▶ Weiße Fliegen sind im Freiland nur schwer bekämpfbar. Eine Notlösung ist es, Gelbtafeln nahe bei den Pflanzen aufzuhängen. Leider fangen sich an der Leimschicht aber auch andere Insekten.

▶ Auch eine Unterpflanzung mit Tagetes kann helfen. Diese sehr herb und kräftig riechenden Blumen sind allerdings die Lieblinge der Schnecken.

Anbau

Paprika verlangt einen voll besonnten Standort und einen warmen, humosen, nicht zu kalkhaltigen Boden. Jungpflanzen (mit kräftigen Wurzelballen) bekommt man beim Profigärtner oder zieht sie sich ab Februar im Frühbeet, im Gewächshaus oder auf der Fensterbank selbst heran. Sämlinge müssen pikiert und später eingetopft werden. Ohne kräftigen Wurzelballen ist es schwierig, zu guten Erträgen zu kommen. Paprika gedeiht gut, wenn Tomaten, Karotten und Kohl in der Reihe abwechseln. Der Pflanzabstand sollte mindestens 40 Zentimeter betragen. Ausgepflanzt wird Ende Mai, evtl. unter Frostschutzhauben.
Es empfiehlt sich auch, den Flächenkompost der Düngereihen bis auf die Erntereihe herüberzuziehen, um den Fuß der Paprikapflanze warm und den Boden feucht und locker zu halten.
Als Mischkulturenpartner geeignet sind Karotten, Kohlarten, Tomaten, bevorzugt Kohlrabi und Blumenkohl.
Als Mischkulturenpartner nicht geeignet sind Erbsen, Fenchel und Rote Bete.

Bei der Ernte der langen Wurzeln der Pastinake muss man besonders behutsam vorgehen. Um sie nicht zu beschädigen, empfiehlt es sich, entlang der Reihe zuerst spatentief die Erde zur Seite zu drücken, um dann von der anderen Seite her die Wurzeln in den freien Spalt zu schieben.

Pastinake

Dieses Wurzelgemüse ist ein wenig in Vergessenheit geraten. Zur Zeit Goethes und Schillers stand es dagegen hoch im Kurs. Die tiefgründigen Wurzeln lassen sich als Gemüse oder auch als Salat zubereiten.

Anbau

Für die Reihenmischkultur ist die Pastinake fast unverzichtbar. Sie ist nicht nur eine wunderbare Nachbarin für die Tomate, etwa gleichwertig mit der Karotte, sondern beeindruckt außerdem durch ihr Tiefenwachstum. Bis zu 80 Zentimeter lange Wurzeln treibt sie in den Boden, der dadurch tief durchdrungen und gelüftet wird. Wo Pastinaken gestanden haben, ist der Boden gründlicher gelockert, als wir es mit unseren Geräten jemals könnten. Es gibt Sorten für schwere und für leichte, humose Böden.

Am besten verwendet man für den Pastinakenanbau nur frisches Saatgut, weil ältere Samen nicht immer zuverlässig keimen.

Beim Säen in den Monaten März bis April geht man ähnlich wie bei den Karotten vor und vermischt den Samen zur Verdünnung 1 : 20 bis 1 : 30 mit Sand. Gesät wird in flachen Rillen. Der Samen wird nur leicht abgedeckt und die Erde etwas angedrückt. Nach dem Auflaufen sollte man sie in jedem Fall auf etwa 12 bis 15 Zentimeter vereinzeln.

Pastinaken lieben eine gleich bleibende Feuchtigkeit, wie sie im Mischkulturengarten durch den Flächenkompost auf den Düngereihen gegeben ist. Trockenheit führt leicht zu Schossern. Man kann die Pastinaken im Spätherbst ernten, das Laub abdrehen und die Wurzeln im Keller senkrecht stehend in feuchten Sand einschlagen. Da die Pflanzen frosthart sind, können sie auch auf der Reihe stehen bleiben.

Früher war die Pastinake in jedem Gemüsegarten zu finden.

Das Laub wird aber auch in diesem Fall besser abgeschnitten. Im Frühjahr sollten die Pastinaken dann auf jeden Fall geerntet werden, weil sie im zweiten Jahr zur Blüte kämen und dann verholzen und ungenießbar würden.

Als Mischkulturenpartner geeignet sind Dill, Lauch, Radieschen, Rettich, Salate, Tomaten und Zwiebeln.

Als Mischkulturenpartner nicht geeignet sind Karotten und Pastinaken.

Radieschen brauchen einen sonnigen Standort und genügend Feuchtigkeit, sonst werden sie nicht richtig knackig.

Radieschen

Radieschen sind der Inbegriff an Knackigkeit. Der scharf-würzige Geschmack kommt vom Senföl. Es hält nicht nur Schädlinge ab, sondern ist auch ausgesprochen gesund.

Anbau

Radieschen brauchen einen sonnigen Standort, der am besten neben Stangenbohnen liegt, einen tiefgründigen, humosen Boden und genug Feuchtigkeit. Auf den Erntereihen können jeweils zwei Rillen nebeneinander gezogen werden.

Nicht gegossen werden sollten die empfindlichen Radieschen, wenn die Sonne direkt auf die Pflanze scheint.

Rettich, Salat und Lauch

Rettich ist auch in Kombination mit Salat und Lauch auf der Reihe eine sehr empfehlenswerte Mischung, am besten in folgender Anordnung:

▶ eine Salatpflanze flankiert von zwei Zwiebeln, danach Rettich und Lauch, dann wieder Salat, evtl. mit Radieschen und so fort.

▶ Salat schützt die Rettiche und Radieschen vor dem gefährlichen Erdfloh.

Die Radieschen haben auch nebeneinander noch genug Platz, und die Erntemöglichkeit wird größer. In der Reihe werden Radieschen auf etwa vier Zentimeter verzogen. Radieschen eignen sich auch als Vorkultur beispielsweise für Lauch oder Sellerie. Welche Radieschensorten sich besonders eignen, sollte man durch ein wenig Experimentieren herausfinden.

Radieschen können von Mai bis September ausgesät werden. Wer sie ständig zur Verfügung haben möchte, sät alle 14 Tage nach. Bewährt hat sich die Kombinationsaussaat von Radieschen und Salat. Auch Kresse und Radieschen kann man auf einer Reihe aussäen. Vorsicht: Es darf kein Salat neben Kresse stehen, und im nächsten Jahr sollte man hier allenfalls Tomaten anbauen, denn für andere Gemüse ist die aggressive Kresse unverträglich. Radieschen können im Hochsommer vier Wochen nach der Aussaat geerntet werden, im Spätsommer und Herbst nach sechs bis acht Wochen, wenn die Radieschen einen Durchmesser von etwa zwei Zentimeter haben.

Als Mischkulturenpartner geeignet sind Bohnen, Erdbeeren, Karotten, Kresse, Salate und Tomaten.

Als Mischkulturenpartner nicht geeignet sind Gurken.

Es gibt frostharte Rettichsorten, die auch bei strenger Kälte noch draußen stehen und jeweils nach Bedarf und Witterung geerntet werden können.

Rettiche

Rettich stammt aus dem Nahen Osten und gelangte über den Mittelmeerraum in die nördlichen Länder Europas. Verschiedene unterschiedlich geformte und gefärbte Zuchttypen werden angeboten. Wie Lauch und Radieschen enthält auch Rettich schwefelhaltige Senföle, die eine heilende Wirkung bei Bakterien- und Pilzbefall haben.

Anbau

Rettiche brauchen einen lockeren, humosen Boden und stets genug Feuchtigkeit. Flache Rillen mit einer Saattiefe von 1,5 bis 2 Zentimeter genügen. Als Abstand in der Reihe müssen sechs bis zwölf Zentimeter gewahrt werden, je nach Stärke des Rettichs. Auch beim Rettich sind Folgesaaten von 14 bis 20 Tagen empfehlenswert.
Zu Rettichen können Lauch, Zwiebeln oder Knoblauch auf die Reihe gepflanzt oder gesät werden, um den Platz besser zu nutzen und eine bessere Bodenbedeckung zu bekommen.
Frühsommerrettiche können – wenn Boden und Witterung dies zulassen – schon im März gesät werden. Sommerrettiche werden von Ende April bis in den Juli gesät, Herbstrettiche Anfang Juli.
Winterrettiche sollten bereits Ende Juni gesät werden, ihre Entwicklungszeit ist lang, und in klimatisch ungünstigen Gegenden werden sie sonst nicht mehr reif.
Als Mischkulturenpartner geeignet sind Bohnen, Erdbeeren, Karotten, Kresse, Salat und Tomaten.
Als Mischkulturenpartner nicht geeignet sind Gurken.

Rosenkohl ist eine gesunde Pflanze für den Winter, denn er schmeckt am besten, wenn er Frost abbekommen hat.

Rosenkohl

Rosenkohl ist die Vitaminbombe für den Winter. Er enthält eine hohe Konzentration von Thiamin und Folsäure. Das macht ihn zu einem idealen Gemüse bei chronischer Nervenschwäche, Müdigkeit und Konzentrationsschwäche.

Anbau

Empfehlenswert für den Anbau sind Reihen, auf denen im Herbst Senf den Boden locker gemacht hat. Da Rosenkohl viel Platz braucht, sollten die Pflanzen mindestens 60 Zentimeter auseinander stehen. Dazwischen ist allerdings Platz für Salat, der ja niedrig bleibt, oder für Zwiebeln. Wie alle Kohlarten profitiert auch Rosenkohl ganz besonders vom Anbau in Mischkultur mit Tomaten oder Sellerie.
Saatzeit ist April. Denn die frostharten Sorten wachsen langsam. Wie jeder andere Kohl auch braucht Rosenkohl reichlich Nährstoffe, d. h.

einen kräftigen Besatz mit Flächenkompost auf der Düngereihe, der das ganze Gartenjahr über aufrechterhalten werden muss. Auch genügend Feuchtigkeit im Boden ist eine ganz wichtige Voraussetzung für das Gelingen des Anbaus. Wenn Rosenkohl früh genug gesät wird und keine Wachstumsstockungen durch Trockenheit eintreten, entwickeln sich im Herbst die Röschen. Rosenkohl kann ab September geerntet werden. Am besten geeignet ist aber der November, denn Rosenkohl sollte den ersten Frost erleben. Man erntet zuerst die am unteren Teil der Pflanze wachsenden Röschen und pflückt sich langsam nach oben. So erreicht man eine lang anhaltende Ernte.

Als Mischkulturenpartner geeignet sind Karotten, Sellerie und Tomaten.

Als Mischkulturenpartner nicht geeignet sind andere Kohlarten, Knoblauch und Zwiebeln.

Manche Rote-Bete-Sorten, etwa Ägyptische Plattrund, sind zur Frühsaat geeignet. Für die Herbstsaat oder Winterernte ist Rubis besonders zu empfehlen. Im April kann die Rote Kugel ausgesät werden, die unter Kennern als die zarteste und wohlschmeckendste Rote-Bete-Sorte gilt.

Rote Bete (Rote Rüben)

Das robuste Gemüse kann auch kühlere Temperaturen vertragen und ist deshalb in unseren Breiten heimisch. Rote Bete sind sehr gesund, denn sie haben einen hohen Eisen- und Siliziumgehalt.

Rote Beete sind vielseitig in der Küche einsetzbar, von der rohen oder gekochten Knolle bis hin zu den Blättern.

Anbau

Humusreiche, leichte Erde, Sonne und eine gut bestückte Düngereihe, das ist die ideale Lebensgrundlage für die von den wild wachsenden Strandrüben abstammende Gemüsepflanze.

25 bis 30 Zentimeter Abstand auf der Reihe oder mehr erlauben Untersaaten, beispielsweise Bohnenkraut, das sich sehr gut mit den Rüben verträgt. Auch Zwiebeln und Kohlrabi kann man im Wechsel mit Roten Beten pflanzen oder säen.

In feuchtem Sand in einer Kiste im Keller lassen sich Rote Bete gut für den Winter einlagern.

Als Mischkulturenpartner geeignet sind Bohnen, Bohnenkraut, Dill und Zwiebeln.

Als Mischkulturenpartner nicht geeignet ist Spinat.

Wer die Pflänzchen lieber selbst aus Samen heranzieht, muss einkalkulieren, dass Sellerie langsam keimt und heranwächst.

Sellerie

Sellerie ist eine vorzügliche Gewürzpflanze und ein schmackhaftes Wintergemüse, das fast alle B-Vitamine enthält. Dadurch wirkt er nervenstärkend und antidepressiv. Einziger Nachteil: Sellerie ist ausgesprochen empfindlich und braucht sehr viel Pflege.

Nicht ganz einfach ist es, aus Selleriesamen gesunde dicke Knollen zu ziehen, denn Sellerie ist ziemlich anspruchsvoll.

Selleriewürze

Während der Wachstumszeit sollte Sellerie nicht entblättert werden. Um stets frische Selleriewürze für Suppen und Saucen zur Verfügung zu haben, sät man besser Sellerie auf eine Baumscheibe oder zwischen Blumen (beispielsweise Rosen oder Akeleien). Von diesen Selleriepflanzen kann man dann den ganzen Sommer über die Blätter für den Würzbedarf ernten.

Anbau

Die Knollenpflanze gedeiht zwar in den humosen Böden der Reihenmischkultur an sich bestens. Sie braucht dazu aber eine gute Nährstoffversorgung aus der Düngereihe und stets ausreichend Feuchtigkeit. Wenn Sellerie zu tief gesetzt wird, bildet er Seitenwurzeln anstelle von Knollen. Als Vorkultur für den Sellerie sind Gemüsepflanzen geeignet, die nur ein kurzes Gastspiel auf ihrer Reihe geben, wie z.B. Schnittsalat, Senf als Gründüngung oder auch frühe Salate, Radieschen, Rettich, Karotten, Kohlrabi und Buschbohnen. Hier stehen die Selleriepflanzen genau richtig. Ihr Abstand in der Reihe sollte etwa 40 Zentimeter betragen.

Mit dem Ackersalat bildet Sellerie eine ideale Partnerschaft. Für eine gute Bodenbedeckung, zur optimalen Platzausnutzung und als Salatvorrat für den Herbst sollte man, nachdem der Blumenkohl das Feld geräumt hat, Ackersalat als Untersaat auf der Selleriereihe ausbringen. So kann der Boden nicht austrocknen. Und das ist gut für den Sellerie, denn er braucht ja viel Feuchtigkeit, um seine großen Knollen ausbilden zu können.

Da Sellerie durch den geringsten Frost statt Knollen zu bilden in Samen schießt, darf man ihn nicht vor Ende Mai ins Freiland auspflanzen. Bei ungünstigem Frühlingswetter mit nasskaltem Mai sollte man lieber bis Anfang/Mitte Juni warten. Zu dieser Zeit gibt es Jungpflanzen mit stark durchwurzelten Ballen beim Profigärtner.

Besonders in seiner Hauptwachstumszeit, also im August, ist Sellerie auf ausreichend Wasser angewiesen. Fällt zu wenig Regen, müssen wir die Düngereihen gießen. Auf keinen Fall sollten jedoch die Pflanzen

Für Kaligaben ist Sellerie sehr dankbar. Dieses Mineral sorgt dafür, dass sich viel ätherisches Öl in der Pflanze bildet, was ihr erst den vollen Wohlgeschmack verleiht.

Mischpflanzung mit Blumenkohl

Sellerie ist der ideale Partner von Blumenkohl. Wenn man ihn im Wechsel mit Blumenkohl pflanzt, spricht er den Bodennährstoffen kräftiger zu und auch der Blumenkohl bedient sich reichlicher, was insgesamt zu einer deutlichen Ertragssteigerung bei beiden Pflanzen führt.

Eine Hand voll Sellerielaub, und zwar die schönsten Blätter, sollte man zur Seite legen und einfrieren. Als Würze zu Fleischbrühen und Suppen bereichern sie das ganze Jahr über die Gourmetküche.

direkt benetzt werden. Sellerie sollte im Herbst möglichst lange auf der Reihe stehen bleiben. Er wächst noch bis in den Oktober hinein. Erst wenn Fröste zu erwarten sind, nimmt man die Grabegabel und hebt die Knollen aus. Das Laub wird bis auf das Herzblatt abgedreht und kann auf der Reihe liegen bleiben. Die Wurzeln sollte man etwas einkürzen. Wenn man die Knollen im Keller in feuchten Sand einschlägt (das Herzblatt muss dabei frei bleiben), hat man den ganzen Winter über einen schmackhaften und gesunden Gemüsevorrat.

Als Mischkulturenpartner geeignet sind Blumenkohl und andere Kohlarten, Bohnen, Erbsen, Gurken, Lauch, Spinat und Tomaten.

Als Mischkulturenpartner nicht geeignet ist Sellerie (nicht nebeneinander anbauen).

Spinat

Spinat zählt zu den einheimischen Gemüsesorten. Bis in den Herbst hinein kann er geerntet werden und spendet so über einen langen Zeitraum wertvolle Vitamine und Spurenelemente. Spinat ist reich an Kalzium, Kalium und Ballaststoffen und enthält Kupfer und Eisen.

Von April bis Juni ist eine Spinatsaat nicht sinnvoll, weil die Pflanze in dieser Jahreszeit keine Blätter bildet, sondern Blüten.

Anbau

Auch wenn er im Mischkulturengarten zunächst die Reiheneinteilung markiert und dann als Gründüngung den Flächenkompost begründet: Spinat ist auch ein ernährungsphysiologisch äußerst wertvolles Gemüse. Er braucht vor allem Feuchtigkeit und genügend Nährstoffe, die er beim Mischkulturenanbau auch vorfindet.

Die früheste Saatzeit von Spinat liegt bereits im Dezember des Vorjahres, wenn wir Spinat als Frostsaat ausbringen (siehe Seite 81f.).

Wenn der Boden im Garten es erlaubt, kann im zeitigen Frühjahr ebenfalls noch gesät werden, um eine frühe Ernte zu erzielen. Im Juli bis August werden die Saaten für die Herbsternte ausgebracht. Man kann auch im September nochmals säen, um im zeitigen Frühjahr bereits ernten zu können. Spinat muss während der Wintermonate mit Reisig abgedeckt werden.

Für Herbstsaaten von Spinat muss auch auf die Sorte geachtet werden. Bewährt haben sich Matador oder Hilds Loreley.

Wirklich schönen Spinat mit voll ausgebildeten Blättern erntet man nur, wenn dünn gesät wurde. Zu dichte Saaten sollten rechtzeitig auf fünf bis zehn Zentimeter Abstand vereinzelt werden.

Spinat braucht etwa sechs Wochen von der Saat bis zur Ernte. Je nach Aussaatzeit kann er nach diesem Zeitraum geerntet werden.

Als Mischkulturenpartner geeignet sind Bohnen, Erbsen, Erdbeeren, Kohl, Radieschen, Rettich, Salate und Tomaten.

Als Mischkulturenpartner nicht geeignet sind Rote Bete.

Vorsicht bei der Spinatdüngung

Spinat darf keinesfalls chemisch gedüngt werden, denn er speichert das gesammelte Nitrat, aus dem im Körper krebserregende Nitrite werden.

Tomaten

Die Heimat der Tomate liegt in den warmen, regenreichen, subtropischen Regionen Mittel- und Südamerikas. Bevorzugt wird sie auch heute noch in südlichen Ländern angebaut, aber auch bei uns gedeiht sie gut, sofern es nicht zu kühl und feucht ist.

Die Tomatenpflänzchen sollten dunkelgrün, gedrungen und kräftig sein. Ein gutes Anzeichen für eine reiche Frucht ist es, wenn sie schon einen Blütenansatz oder eine Blüte zeigen.

Anbau

Tomaten müssen tief gepflanzt werden, und sie brauchen einen warmen Fuß. Tief heißt, dass der erste Blütenansatz gut handbreit über dem Boden steht. Und warmer Fuß bedeutet, dass die Erde auf der Reihe durch den Flächenkompost des Vorjahres tiefgründig locker und humos geworden ist. Notfalls muss der Standort der Tomatenpflanze durch reifen Kompost etwas verbessert werden. Verwenden Sie aber keinen Torf. Zu hoch gewordene Pflanzen können auch

Für die Kohlpflanzen ist die Mischung mit Tomaten von großem Vorteil. Denn Kohl braucht dringend eine Schädlingsabwehr gegen den Kohlweißling.

schräg in den Boden gelegt und bis handbreit unter dem Blütenansatz zugedeckt werden. Der obere Teil richtet sich nach wenigen Tagen wieder auf. Tomaten dürfen erst nach den Eisheiligen, also nicht vor dem 15. Mai, gepflanzt werden. Bei Frostgefahr sollten Sie vorsichtshalber lieber noch eine weitere Woche abwarten.

Nach dem Setzen sät man auf die Tomatenreihe Senf und Ringelblumen, die später zur Bedeckung umgehackt werden. Als Zwischenbepflanzung eignen sich auch Kohlarten wie Kohlrabi oder Blumenkohl. Da diese niedriger bleiben als die Tomaten, lassen sie einen luftigen Zwischenraum zwischen den Stöcken, der das schwüle Klima verhindert, das die Tomatenkrankheit Phytophthora zur Infektion benötigt. Wenn sich die Tomaten später weiter ausbreiten, sind Kohlrabi oder Blumenkohl schon abgeerntet, so dass keine Enge entsteht.

Tomaten sollten stets eine gute Bodenbedeckung haben. Wenn genügend Kräuter und samenfreier Grasschnitt zur Verfügung stehen, wird die gesamte Tomatenreihe in voller Breite den ganzen Sommer über abgedeckt. Tomatenblätter sollte man nur ausnahmsweise entfernen.

Tomaten brauchen zur Heranbildung des mächtigen Busches und der Früchte viel Wasser. Deshalb muss bei zu geringen Niederschlägen auf der Düngereihe kräftig gegossen werden. Die Blätter sollten auf jeden Fall trocken bleiben. In regenreichen Gegenden hat es sich bewährt, über die Tomaten ein Regenschutzdach aus Folie zu legen, das die Benetzung der Blätter verhindert und den Tomaten viel Luft lässt.

Krankheiten der Tomate

Tomaten dürfen nicht zu dicht gepflanzt werden, da sonst die Gefahr von Pilzerkrankungen groß ist. Vor allem die Phytophthora, zu deutsch Kraut- und Knollentrockenfäule, kann großen Schaden verursachen. Bei sehr hoher Luftfeuchtigkeit und Temperaturen über 20 °C können schlagartig Masseninfektionen mit dem Pilz erfolgen, die erst die Blätter und dann die Früchte erfassen.

- ▶ Die Blätter verfärben sich braun, die Früchte bekommen ebenfalls häßliche bräunliche, pustelartige Flecken und fallen ab.
- ▶ Wenn man die Tomate aufschneidet, sieht man, dass auch das Fruchtfleisch verfärbt ist. Die Früchte riechen schlecht und sind ungenießbar.

Tomatenpflanzen, die mit Kräuterfäule infiziert sind, gehen ein. Die Blätter werden braun, die Früchte bekommen Flecken und faulen.

Die Pflanzen werden an gedrehten Tomatenstangen aus Stahl, wie es sie im Handel gibt, oder an Holzpfählen angebunden. Tomaten werden eintriebig herangezogen, das bedeutet, dass die Nebentriebe, die aus den Blattachseln wachsen, herausgebrochen werden müssen. (Die Finger nehmen, nicht das Messer!)
Die unteren drei bis fünf Geize werden stehen gelassen, bis sich eine erste Blüte zeigt. Über dem ersten Blatt nach dieser Blüte wird dann auch dieser Geiz abgebrochen. Am Haupttrieb wird nun laufend weiter ausgegeizt.
Spätestens Ende August muss in unseren Breiten die Bildung weiterer junger Früchte verhindert werden. Dazu zwickt man die jetzt noch gebildeten Blüten ab. Sie würden ohnehin keine reifen Früchte mehr bringen, die Pflanze aber unnötig viel Kraft kosten. Die Blätter dagegen bleiben stehen, damit der Stock weiter kräftig assimilieren kann.
Ab Juli können Tomaten bis in den Herbst laufend geerntet werden, sobald die Früchte kräftig rot sind und sich nicht mehr hart anfühlen.
Nicht völlig ausgereifte Tomaten nimmt man vor dem Frost ab.
Wenn sie schon einen leichten Gelbton haben, reifen sie bei genügender Wärme nach. Beschleunigt wird der Reifeprozess, wenn man die

Holzpfähle haben den Nachteil, dass Pilzsporen, beispielsweise von Phytophthora, daran überdauern und neue Infektionen hervorrufen.

Tomaten gemeinsam mit reifen Äpfeln unter eine Abdeckung legt. Die Tomaten brauchen in diesem Stadium kein Sonnenlicht zum Reifen, sondern nur noch Wärme.
Als Mischkulturenpartner geeignet sind Bohnen, Karotten, Kohlarten, Lauch, Petersilie, Salate, Sellerie, Spinat und Zwiebeln.
Als Mischkulturenpartner nicht geeignet sind Erbsen, Fenchel und Rote Bete.

Zwischen den Tomatenreihen liegen mindestens 160 Zentimeter, und innerhalb der Reihe wird zwischen den Tomaten noch eine andere Pflanze gesät oder gesetzt. Als Partner bewährt haben sich Karotten. Denn das ist bekannt: Karotte liebt Tomate!

Weißkraut (Weißkohl)

Weißkraut gedeiht überall dort, wo es nicht zu heiß ist und ausreichend Regen für eine gute Bewässerung sorgt. Die Palette der gesunden Eigenschaften ist groß z. B. aktiviert es den Kohlenhydratstoffwechsel.

Anbau

Die jungen Kohlpflänzchen sind frostempfindlich und sollten erst nach den Eisheiligen, also nach dem 15. Mai, gesetzt werden. Um große Köpfe bilden zu können, braucht das Kraut reichlich Nährstoffe, die Düngereihe muss aus diesem Grund besonders gut mit Flächenkompost versorgt sein. Im Herbst und Frühwinter verträgt Weißkraut einige Minusgrade, ist aber frostempfindlicher als das Blaukraut und wird deshalb vor diesem geerntet.
Am besten wird Weißkraut in einer Lattenkiste im Keller für den Winter eingelagert. Man kann es entweder mit oder ohne Wurzeln lagern.
Als Mischkulturenpartner geeignet sind Buschbohnen, Erbsen, Karotten, Phacelia, Salate, Sellerie und Tomaten.
Als Mischkulturenpartner nicht geeignet sind Knoblauch und andere Kohlarten und Zwiebeln.

Lichthungrig und durstig ist das Weißkraut. Trockene Sandböden sind als Standort nicht geeignet. Wichtig: Tief pflanzen, so dass der Blattansatz mit dem Boden abschließt. Dadurch wird der Wurzelhals geschützt und die Wurzelbildung gefördert.

Wirsing

Er ist der Renner unter den Kohlarten und noch beliebter als Weiß- und Rotkraut. Man kann ihn kurz dünsten und mit etwas Zitrone verfeinern, als Roulade füllen oder zu einer deftigen Mahlzeit mit Fleisch und Würsten kochen. Gesund ist er immer und nahrhaft obendrein.

Anbau

Wenn er humosen, stets feuchten Boden als Standort bekommt, wächst Wirsing rasch und bildet große, krause Köpfe mit zarten Blättern. Der ideale Abstand auf der Reihe beträgt 40 Zentimeter.
Auspflanzen kann man Wirsing schon Ende März bis Anfang April, wenn es die Witterung zulässt. Es sollte nicht zu kühl und zu nass sein. Gute Abwehr von Kohlweißlingen bietet – wie bei allen anderen Kohlarten auch – die Tomate. Gemischte Reihen sind der beste Schutz. Auch Sellerie ist eine sehr geeignete Schutzpflanze für den Wirsing. Am besten bildet man auch mit ihm gemischte Reihen.
Es gibt späte Wirsingsorten, die bis minus 10 °C und mehr vertragen. Diese Sorten können bis weit in den Winter hinein stehen bleiben. Mit etwas Reisig abgedeckt kann man sie jederzeit ernten.
Zur Einlagerung ist Wirsing nicht geeignet. Frühere Sorten werden Ende Oktober abgeräumt, wenn die Köpfe fertig ausgebildet sind. Lässt man sie länger stehen, können sie aufplatzen.
Als Mischkulturenpartner geeignet sind Borretsch, Buschbohnen, Erbsen, Karotten, Salate, Sellerie und Tomaten.
Als Mischkulturenpartner nicht geeignet sind andere Kohlarten, Zwiebeln und Knoblauch.

Wirsing ist auch ein guter Mischkulturenpartner mit Spinat, Gurken und Phacelia. Wie alle Kohlarten mag er andere Kohlpflanzen nicht in seiner Nähe.

Gesunder Kohl bleibt vom Kohlweißling meist verschont und entwickelt pralle Köpfe.

Zucchini (Zucchetti, Courgettes)

Die Anzucht von Zucchinipflänzchen aus Samen kann man leicht selbst vornehmen. In Töpfen auf der Fensterbank gelingt sie meist problemlos.

Die Heimat der wohlschmeckenden Zucchini sind die Länder rund um das Mittelmeer. Die Delikatesse mit dem milden und dennoch aromatischen Geschmack ist Mitglied der großen Kürbisfamilie. Zucchini sind nichtrankend, wachsen schnell und bringen das ganze Gartenjahr über große Erträge. Weil sie wenig Kalorien, aber viele Ballaststoffe haben, sind Zucchini das ideale Diätgemüse.

Anbau

Der Anbau ist einfach. Für die Reihenkultur benötigt man in der Breite etwa den Platz, den auch eine Gurkenkultur beansprucht (siehe Seite 41). Drei Samenkörnchen werden pro Standort ausgelegt. Nach dem Auflaufen lässt man nur die kräftigste Pflanze stehen. Die überzähligen werden abgeschnitten, nicht ausgerissen. Der Boden sollte stets locker und die Düngereihe unbedingt gut versorgt und feucht gehalten werden. Ausgesät wird nach den Eisheiligen, also nach dem 15. Mai. Vorkultivierte Pflanzen werden ebenfalls Mitte Mai ausgepflanzt. Geerntet wird fortlaufend bis zum ersten Frost, sobald die Früchte eine geeignete Größe erreicht haben.

Als Mischkulturenpartner geeignet sind Basilikum, Bohnen und Zwiebeln.

Als Mischkulturenpartner nicht geeignet sind Gurken.

Herbstanbau von Zwiebeln

- Zwiebeln können auch im Herbst noch in die Erdbeerreihen eingesetzt werden. Dazu werden im Frühjahr Zwiebelsamen ausgesät für eine Steckzwiebelernte.
- Im Sommer kann man diese Ernte teilen. Die eine Hälfte wird kühl, trocken und dunkel aufbewahrt für den nächsten Frühling. Die andere Hälfte legt man im Frühherbst so aus, wie das auch mit den Frühlingssteckzwiebeln gemacht wird: flach legen, aber fest antreten.
- Für diese Herbstausbringung sind bestens geeignet die Sorten Stuttgarter Riesen oder die Frühlingszwiebel Express. Im zeitigen Frühling kann man dann frische Zwiebeln ernten.

Wenn das Kraut braun und trocken wird, können die Zwiebeln geerntet werden.

Zwiebeln

Die Herkunftsländer der Zwiebeln sind China, Indien und der Vordere Orient. In der Küche wie im Garten sind sie unentbehrlich, denn hier haben sie eine besondere Schutzfunktion für andere Pflanzen.

Zwiebeln benötigen einen Boden, der nicht frisch gedüngt wurde. Frischen Stallmist sollten sie generell nicht verwenden.

Anbau

Die Zwiebel wächst überall und stellt kaum Platzansprüche. Deshalb kann sie beispielsweise in der Erdbeerreihe zwischen den Erdbeerpflanzen aufwachsen, mit denen sie eine perfekte Symbiose bildet. Ihre schmale Form stört die Erdbeeren nicht, die sich weiter ungehindert ausbreiten können.
Wenn der Haushalt mehr Zwiebeln braucht, als in den Erdbeerreihen Platz haben, planen wir in Nachbarschaft zu Karotten eine eigene Zwiebelreihe ein. Die Reihe wird nur abgeharkt, dann werden die Steckzwiebeln alle acht bis zehn Zentimeter in den Boden eingedrückt. Karotten und Zwiebeln schützen sich gegenseitig vor Madenbefall (siehe »Pflanzen, die sich mögen und schützen«, Seite 10ff.). Zwiebeln sind Langsamkeimer und brauchen etwa drei Wochen zum Keimen.

Damit Zwiebeln nicht so leicht schießen (d. h. in Samen gehen), sollte man vor allem auf kleine Steckzwiebeln achten. Sie dürfen nur maximal haselnussgroß sein. Bei größeren Exemplaren schneiden Sie mit einem scharfen Messer den Zwiebelboden ein, dann bilden sich zwei aneinander sitzende Zwiebeln. Im Frühling ernten Sie im Herbst ausgelegte Steckzwiebeln, im Sommer die im Frühling ausgelegten Steckzwiebeln, und im Winter verwenden Sie die eingelagerten Zwiebeln der Sommer/Herbst-Ernte. Geerntet werden Zwiebeln stets dann, wenn das Zwiebellaub (die Schlotten) abgestorben sind.

Zur Beschleunigung der Reife sollte man die Schlotten auf keinen Fall umtreten. Lieber mit der Grabegabel die Zwiebeln anheben, so dass die Wasser- und Nahrungsaufnahme durch die Wurzeln reduziert wird. Das beschleunigt den Reifevorgang schonend und organisch.

Wenn Zwiebeln luftig und frostfrei gelagert werden, bewahren sie lange Zeit ihren guten Geschmack und faulen nicht.

Als Mischkulturenpartner geeignet sind Dill, Gurken, Karotten, Knoblauch, Obstbäume (die Pflanzen werden auf die Baumscheibe gepflanzt), außerdem Rosen, Salate und Tomaten.

Als Mischkulturenpartner nicht geeignet sind Bohnen, Erbsen, Kohl und Lauch.

Salate

Salate sind besonders gut für den Hausgarten geeignet, weil sie leicht anzubauen sind. Das ganze Jahr über halten die verschiedenen Sorten Vitamine bereit. Wer sie selbst anbaut, kann sie immer frisch ernten.

Ackersalat

Ackersalat wird auch als Feldsalat, Rapunzel oder Sonnenwirbelchen bezeichnet. Er gehört zur Familie der Baldriangewächse, aus der ansonsten kaum Pflanzen im Gemüsegarten anzutreffen sind. Er ist reich an Vitaminen und äußerst wohlschmeckend.

Anbau

Während des Frühjahrs und Sommers eignet sich Ackersalat als Untersaat unter Tomaten, Lauch und Stangenbohnen, denn ein untergeordnetes Dasein macht ihm nichts aus. Was nicht geerntet wird, bildet eine gute Gründüngung. Die Saattiefe beträgt 0,5 Zentimeter. Bei Reihensaat in Doppelreihen lässt sich Unkraut gut bekämpfen. Der Samen muss fest liegen, deshalb wird nur oberflächlich leicht gelockert und der Samen anschließend angedrückt oder angetreten.

Bei der Saat für Winter- und Frühjahrsbedarf sollte man auf dafür besonders gut geeignete Sorten achten, beispielsweise Felma oder Etampes.

Dieser Blattsalat ist frosthart und kann deshalb ab etwa 10. August bis Mitte September für die Winter- und Frühjahrsversorgung ausgesät werden. Für den Herbstbedarf wird er ab Juli bis in den Augunst hinein gesät. Zu dieser Zeit kann der Ackersalat als ideale Nachkultur beispielsweise nach Bohnen ausgesät werden. Für das spätere Frühjahr wird Ackersalat auch noch im Dezember als Frostsaat ausgebracht (siehe Kapitel » Tipps und Tricks für erfolgreiches Gärtnern«, Seite 85).
Unkraut muss ausgezupft werden. Gegen Unkraut ist Ackersalat nämlich regelrecht allergisch, die anspruchsvolle Pflanze gedeiht dann nicht mehr. Der Ackersalat kann das ganze Jahr über als Salat genutzt werden. Auch an frostfreien Tagen des Winters können Sie diesen gesunden Salat fortlaufend ernten.
Wichtig bei der Ernte: Schneiden Sie die Blättchen oberhalb des Wurzelhalses ab, damit sie immer wieder nachwachsen können. Im März, bevor der Ackersalat in Blüte gehen möchte, wird er gänzlich geerntet oder als Gründüngung umgehackt.

Frost macht den zarten Pflänzchen nichts aus: Feldsalat ist ein vorzüglicher Wintersalat, sollte aber abgedeckt werden, wenn Schnee zu erwarten ist, damit er geerntet werden kann.

Salat geht mit Zwiebeln oder Lauch eine nützliche Verbindung ein.

Eissalat

Er wird auch als Krachsalat bezeichnet. Seine Blätter sind brüchig wie Eis und sehr knackig. Diese Variante des Kopfsalats bildet feste Köpfe, die sich lange halten. Kultiviert wird er wie Kopfsalat.

An einem trockenen Tag werden die Endivienpflanzen für den Einschlag mitsamt den Wurzeln ausgegraben und die Wurzeln in einem frostfreien Raum oder leeren Frühbeetkasten mit Erde bedeckt. Damit kein Schimmel auftritt, muss für gute Luftzufuhr gesorgt werden.

Endiviensalat

Vor allem als Winterendivie hat dieser Salat mit seinen appetitanregenden Bitterstoffen eine große Bedeutung für alle Gartenfreunde. Man kann ihn gut als Wintervorrat einlagern.

Anbau

Endivie wird dünn auf den Reihen ausgesät und nur einen halben Zentimeter mit Erde bedeckt. Nach vier Wochen können die Pflanzen verpflanzt oder auf etwa 25 Zentimeter Abstand vereinzelt werden. Endivie wird ab Anfang Juni bis Mitte Juli ausgesät. Man kann auch junge Pflänzchen vom Gärtner kaufen und in dieser Zeit auspflanzen. Wassermangel ist der größte Feind des Endiviensalats.

Er braucht deshalb Düngereihen mit einer kräftigen Schicht Flächenkompost, die bei Bedarf gut zu gießen sind und die Feuchtigkeit halten. Endiviensalat hat außerdem einen hohen Nährstoffbedarf und liebt lockeren, humusreichen Boden. Im Allgemeinen halten die Pflanzen minus 4 °C bis 5 °C aus. Wenn es kälter wird, sollte man den Salat ernten und einschlagen. Dafür geeignet ist die Sorte Escariol.

Noch ein Tipp zur Salaternte: Die Köpfe sollten morgens, wenn der Saftdruck am größten ist, knapp über dem Boden abgeschnitten werden. Sie sind um diese Tageszeit von höchster Qualität und halten sich am längsten frisch.

Kopfsalat

Bei uns ist er sicher der am meisten verbreitete Salat. Er enthält wie andere Grünpflanzen einen hohen Anteil der Spurenelemente Magnesium und Mangan und stärkt das Immunsystem.

Anbau

Er liebt den humus- und nährstoffreichen Boden der Reihenmischkultur und die freie Lage auf den Reihen. Kopfsalat verträgt keine Beschattung. Empfehlenswert ist das wechselweise Pflanzen mit Kohlrabi. Noch besser ist eine direkte Saat an Ort und Stelle zusammen mit Rettich oder Radieschen. So gibt es kein Anwachsrisiko, die Ernte ist früher möglich, und gesäter Salat schießt kaum. Vor allem im Hochsommer sollte man Kopfsalat nur säen. Er eignet sich auch für die Frostsaat (siehe Seite 81f.), die eine sehr frühe Ernte ermöglicht.

Pflücksalat oder Schnittsalat

Pflück- und Schnittsalate liefern den ganzen Sommer hindurch einen zarten Salat. Sie bilden keine Köpfe und vertragen deshalb sogar etwas Schatten. Außerdem sind sie gegen Trockenheit und wechselnde Temperaturen weniger empfindlich als Kopfsalat.

Anbau

Pflücksalate werden ausgesät oder als kleine Pflänzchen in Reihen mit etwa 20 Zentimeter Abstand gepflanzt. Schnittsalat wird nur gesät. Diese Salate können vom zeitigen Frühjahr bis zum späten Herbst gesät werden und eignen sich ebenfalls für Frostsaat.

Pflück- und Schnittsalate brauchen gut bedeckte Düngereihen, die gleichmäßig feucht gehalten werden müssen. Die Blätter des Salats sollten beim Wässern nicht benetzt werden – also vorsichtig auf die Düngereihen gießen. Wenn die Blätter eine Höhe von 15 bis 20 Zentimeter erreicht haben, können sie abgeerntet werden.

Man kann Portulak zubereiten wie Spinat. Er schmeckt aber auch als Salat allein oder in Mischung mit anderen grünen Salaten, Kresse oder Senf sehr gut.

Portulak

Dieser an sich altbekannte, aber heute nicht mehr sehr verbreitete Salat ist dem Ackersalat ähnlich, liefert jedoch bessere Erträge. Portulak hat einen milden, leicht säuerlichen Geschmack und kommt in zwei Arten vor: dem Sommerportulak und dem Winterportulak.

Anbau

Möglich ist eine Saat in zwei nebeneinander liegenden Rillen, weil Portulak nicht sehr viel Platz braucht. Auf leichten Böden, in sonniger Lage und bei genügend Feuchtigkeit gedeiht er am besten. Der Samen wird nur leicht angedrückt oder ganz dünn mit Sand bestreut. Um fortlaufend Portulak ernten zu können, sollte man regelmäßig alle drei Wochen Folgesaaten ausbringen.

Hübsche Blättchen, interessanter Geschmack: Portulak ist eine Bereicherung für Garten und Küche.

Winterportulak für die ganzjährige Ernte kann von April bis Mitte September ausgesät werden. Beste Saatzeit für Herbst- und Winterernte ist Juli bis September. Allerdings darf die Bodentemperatur nicht über 12 °C liegen, sonst keimt er nicht. Deshalb dauert das Auflaufen der Saat in warmen Sommern oft sehr lange. Sommerportulak kann ab Mitte Mai gesät werden. Ernte von Sommer- und Winterportulak ist ganzjährig möglich, denn die Pflanze ist frosthart und wächst selbst im Winter bei den geringsten Wärmegraden weiter.

Portulak wächst rasch und kann etwa vier Wochen nach der Aussaat zum ersten Mal geschnitten werden. Er wächst schnell wieder nach und kann mehrmals geerntet werden.

Radicchio

Sein kräftiges Weinrot bringt eine gern gesehene Abwechslung in das ansonsten überwiegende Grün des Salattellers. Das Feuer des Südens lodert schon in seinem Namen: Radicchio!

Anbau

Im Keimverhalten ist Radicchio nicht gerade ein Renner. Bis er aus dem Boden kommt, vergehen etwa zwei Wochen, und dabei muss es mindestens 18 °C bis 20 °C warm sein. Ausgesät wird auf der Erntereihe möglichst dünn. Bald nach dem Auflaufen muss auf 20 bis 25 Zentimeter vereinzelt werden. Im Spätherbst bilden sich die Köpfe aus. Sie sind zunächst noch grün und färben sich erst unter dem Einfluss zunehmender Kälte rot.

In Gegenden mit milden Wintern, etwa in West- und Norddeutschland, gedeiht Radicchio besonders gut.

Für die Herbsternte geeignet ist Palla Rossa. Der Samen dieser Sorte wird nicht vor dem 15. Juni und nicht nach dem 20. Juli (im nördlichen Deutschland nicht nach dem 10. Juli) an Ort und Stelle ausgesät.
Der Typ Roter Veroneser wird in der Zeit von Mitte Juli bis Anfang August ausgesät. Vor dem Eintreten stärkerer Fröste muss der Palla Rossa abgeerntet sein, denn er ist nicht winterhart.

Radicchio nur im Freiland anpflanzen

Die Anzucht von Jungpflanzen in Töpfen und das spätere Auspflanzen sind bei diesem Salat nicht zu empfehlen, da der Radicchio eine kräftige Pfahlwurzel entwickelt, die nur schwer wieder anwächst.

Der Rote Veroneser ist winterhart, er verträgt auch stärkere Fröste und treibt im Spätwinter und Frühling (Februar bis April) seine roten Köpfchen heraus. Die ersten Köpfe des Roten Veroneser kann man oft noch im November bis Dezember ernten. In Gegenden mit wenig Schnee und häufigen Kahlfrösten empfiehlt es sich, ihn mit Fichtenzweigen locker abzudecken oder einen Folientunnel über die Reihe zu stellen, der gut im Boden verankert ist, um von den Winterstürmen nicht weggeweht zu werden.

Deckt man die Reihe im Spätwinter an Tagen ohne Frost mit einer Folie ab, lässt sich die Erntezeit um drei bis vier Wochen verfrühen. Ernten, die nach Mitte April vorgenommen werden, sind meist schon zu bitter und werden zunehmend ungenießbar.

Römischer Salat

Er wird auch als Romana-Salat bezeichnet. Bis vor kurzem war er fast nur im südlichen Europa verbreitet. Dort wird er auch als Gemüse gedünstet. Inzwischen gibt es auch bei unseren Gärtnern Romana-Pflanzen.

Anbau

Anders als der Kopfsalat verträgt er mehr Wärme und fault bei Regen nicht so schnell, weil er weniger auf der Erde liegt. Auch Römischer Salat wächst – wie Kopfsalat – vorteilhaft im Wechsel mit Kohlrabi. Er wird ab April bis Juni auf die Mischkulturenreihen gesät, wo er später auf 25 Zentimeter vereinzelt wird.

Mit seinem tütenförmigen Kopf und den festen Außenblättern ähnelt der Römische Salat dem Chinakohl und dem Zuckerhut. Die inneren Blätter des Romana-Salats sind zart, knackig und schmecken etwas kräftiger als die des Kopfsalats.

Zuckerhut

Dieser Salat ist auch bekannt unter dem Namen Zichoriensalat oder Zichorie. Er kommt aus Südeuropa, ist ziemlich unempfindlich gegen Krankheiten und Schädlinge und reich an Ballast- und Bitterstoffen.

Anbau

Zuckerhut braucht einen nahrhaften humosen Boden und gut belegte Düngereihen. Er wird im Abstand von etwa 20 Zentimetern ausgesät. Der beste Zeitpunkt ist ab Mitte Juni bis spätestens Mitte Juli. Vorkultur von Spinat oder Salat hat sich als günstig erwiesen. Geerntet wird Zuckerhut von September bis April. Er ist sehr ertragreich, verträgt eine gehörige Portion Frost (bis minus 10 °C), und kann des-

halb unter Schnee oder im Frühbeeteinschlag auch überwintern. In kühlen Kellern hält sich der lagerfähige Zuckerhut etwa bis Februar.
Als Mischkulturenpartner geeignet sind Bohnen, Borretsch, Dill, Erbsen, Fenchel, Gurken, Karotten, Kohlrabi und andere Kohlarten, Paprika, Radieschen, Rettich, Spinat, Bohnen, Tomaten und Zwiebeln.
Als Mischkulturenpartner nicht geeignet sind Kresse, Petersilie und Sellerie.

Basilikum verleiht Gerichten einen besonderen Geschmack. Es wird am besten frisch verwendet, etwa zu Tomaten oder vielen anderen Gemüsesorten. Besonders gut passt es zu Speisen aus dem Mittelmeerraum. Zur Zeit der Vollblüte im Hochsommer werden die oberen Stängelteile des Basilikums geschnitten, dann kann man mehrmals im Jahr ernten.

Gewürzkräuter

Ein Garten ohne Kräuter wäre wie das Meer ohne Salz. Die meisten Küchenkräuter sind relativ anspruchslos und gedeihen ohne großen Aufwand auf fast allen Böden. Weil sie Dünger nicht mögen, bringt die Reihenmischkultur auch hier Vorteile.

Basilikum

Das Küchengewürz Basilikum wird auch Suppenbasil, Herrenkraut, Königskraut oder Deutscher Pfeffer genannt. Seine Herkunft ist nicht genau geklärt, möglicherweise stammt das beliebte aromatische Küchenkraut aus Südasien.

Anbau

Das einjährige Kraut braucht normalen Gartenboden und volle Sonne. Bei Trockenheit muss gegossen werden. Basilikum kann auch in Töpfe gepflanzt oder in Töpfchen auf der Fensterbank vorgezogen und pikiert werden. Die Samen dürfen dabei nur minimal mit Erde bedeckt sein, denn Basilikum ist ein Lichtkeimer. Dieses mediterrane Gewürzkraut ist sehr wärmebedürftig und sollte deshalb stets erst nach den Eisheiligen, also nach dem 15. Mai, ausgepflanzt werden.
Die Blätter werden bei Bedarf geerntet und frisch verwendet. Haupterntezeit sind die Monate Juni bis September.
Als Mischkulturenpartner geeignet sind Fenchel, Gurken, Tomaten und Zucchini.

Bohnenkraut (Pfefferkraut)

Bohnenkraut stammt ursprünglich aus dem Mittelmeerraum, aber auch bei uns schätzt man es schon lange. Wie sein Name sagt, passt es gut zu Bohnengerichten, vor allem zu grünen Bohnen, aber auch zu fast allen Eintöpfen schmeckt es fein.

Dünger schadet dem Aroma des Bohnenkrauts und sollte daher generell nicht verwendet werden.

Anbau

Bohnenkraut ist einjährig, seine Ansprüche an den Boden sind gering, es braucht nur viel Sonne. Es kann auf der Erntereihe in zwei Rillen nebeneinander oder einfach breitwürfig ab Mitte bis Ende Mai gesät werden. Auch in Töpfen auf dem Balkon kann man Bohnenkraut ziehen. Zum Würzen wird Bohnenkraut von Juli bis August geschnitten, für Heilzwecke zur Zeit der Blüte von Juli bis August.
Als Mischkulturenpartner geeignet sind Bohnen, Rote Bete und fast alle Salate.

Borretsch (Gurkenkraut)

Das Kraut wird auch Gurkenkraut, Wohlmutsblume oder Liebäuglein genannt. Charakteristisch für den Borretsch sind die rau behaarten Blätter und die leuchtend blauen Blüten. Er passt gut zu Gurkensalat und riecht und schmeckt auch etwas nach Gurke. Die Blüten zieren gemischten Salat, denn sie wirken sehr dekorativ. Sie sehen nicht nur hübsch aus, man kann sie auch mitessen.

Borretsch pflanzt man am besten etwas abseits von den anderen Pflanzreihen, denn die Gewürzpflanzen sind sehr ausladend und brauchen ausreichend Platz. Wenn man Platz einsparen möchte, kann man Borretsch auch in großen Töpfen ziehen.

Anbau

Borretsch ist zwar einjährig, aber seine Samen werden von Vögeln und Ameisen im ganzen Garten verteilt, so dass er alle Jahre wieder auftaucht – wenn auch oft an Stellen, an denen man ihn nie vermuten würde. Verpflanzen ist wegen der langen Wurzel nicht zu empfehlen, es sei denn in einem sehr großen Ballen, tief ausgehoben mit dem Spaten. Ausgesät kann Borretsch in der Zeit von April bis Juni werden.
Als Mischkulturenpartner geeignet sind Erbsen, Kohlrabi und andere Kohlarten.

Dill ist nicht nur ein Heil- und Würzkraut, sondern auch eine hübsch blühende Gartenpflanze.

Dill

Dill wird ebenfalls mit Gurken in Verbindung gebracht: Er heißt auch Gurkenkräutel oder Tillkraut und passt gut zu Gurken. Außerdem verfeinert Dill Fisch, Salate und Eintöpfe.

Als Schutz vor Hexen wird Dill heute nicht mehr eingesetzt, aber immer noch hilft er wirkungsvoll gegen Blähungen.

Anbau

Das aromatische Gewürzkraut ist ein typisches Küchengartenkraut. Es kann über 50 Zentimeter hoch werden, es gedeiht ganz besonders gut auf der Reihe zusammen mit Gurken oder Karotten. Schwerer Boden ist dem Dill lieber als leichte, sandige Erde. Stauende Nässe mag er aber überhaupt nicht. Windgeschützt und sonnig sollte die Reihe sein, auf der er heranwächst. Gesät wird Dill ab April in Abständen von etwa 20 Tagen, dann steht er laufend den ganzen Frühling und Sommer zur Ernte zur Verfügung. Die Samen müssen fest, aber flach liegen. Wenn Dill allein auf der Reihe heranwachsen soll, wird er am besten in Doppelrillen nebeneinander ausgesät.
Als Mischkulturenpartner geeignet sind Gurken, Karotten, Kohlarten und Zwiebeln.

Estragon

Bei Bedarf können Estragonblättchen jederzeit frisch geerntet werden, im Juli und August werden die Blätter am besten zum Trocknen gesammelt.

Estragon wird auch Schlangenkraut genannt. Den Namen Eierkraut verdankt er der Tatsache, dass traditionell Eierspeisen mit ihm gewürzt werden. Er ist weltweit auf allen Kontinenten vertreten.

Anbau

Diese aromatische Gewürzpflanze ist mehrjährig, lediglich leichter Winterschutz aus Laub oder Reisig ist nötig. Außerdem ist Estragon nach drei bis vier Jahren erschöpft und muss neu gepflanzt werden. Das gilt für beide Sorten, die in unseren Gärten angebaut werden können: den russischen oder sibirischen und den deutschen Estragon. Der russische Estragon ist etwas robuster, seine Samen reifen aus, aber das Aroma ist dürftiger, und er schmeckt leicht bitter. Der deutsche Estragon ist ausgesprochen aromatisch. Er kann nur als geteilte Pflanze vom Profigärtner bezogen werden, nicht aber aus Samen gezogen werden. Pflanzabstand von mindestens 30 Zentimeter ist nötig, denn die Pflanze wird ziemlich groß. Humusreicher, feuchter Boden an geschützter Stelle ist ihm am liebsten. Für klassische Mischkultur ist das Gewürz weniger geeignet. Am besten wird Estragon wie Liebstöckel an einen geeigneten Platz am Rand des Gartens gepflanzt.

Kerbel

Kerbel wird auch Kuchel- oder Suppenkraut genannt. Er ist ein enger Verwandter von Möhre und Petersilie, was man ihm aber erst auf den zweiten Blick ansieht.

Kerbel kann das ganze Jahr hindurch gesammelt werden. In der Küche wird er ausschließlich frisch verwendet.

Anbau

Kerbel wird 40 bis 50 Zentimeter hoch, braucht also etwas mehr Platz in der Reihe. An den Boden stellt er geringe Ansprüche, während der Keimzeit sollten die Samen feucht gehalten werden. Da er gegen Kälte unempfindlich ist, kann er schon im zeitigen Frühjahr ab März auf die Reihe gepflanzt oder ausgesät werden.

Als Mischkulturenpartner geeignet sind Salate.

Kresse wächst am besten in Schälchen, denn sie ist ein sehr schlechter Mischkulturenpartner.

Kresse

Kresse besticht durch hohen Vitamingehalt, vor allem die Vitamine A, C, D und E, Eisen, Jod und Schwefel. Sie galt im Mittelalter in Form von destilliertem Kressewasser als Mittel gegen Haarausfall.

Mit Radieschen zusammen kann man Kresse »auf die Reihe bringen«. Im Folgejahr gedeihen auf einer solchen Reihe dann aber allenfalls Tomaten oder Karotten.

Anbau

Kresse ist eine schwierige Pflanze im Mischkulturengarten. Sie ist für viele Pflanzen und sogar für sich selbst ein Problem. Wo sie gestanden hat, gedeiht sie lange nicht mehr. Man sollte sie deshalb immer nur in Schälchen kultivieren und die Aussaaterde oder das Kultursubstrat anschließend auf einen Langzeitkompost kippen, der für Sträucher und Bäume gedacht ist. Allenfalls auf Baumscheiben, am Rand von Blumen- und Staudenbeeten kann man versuchen sie anzubauen und zwischen Erdbeeren. Sie keimt sehr rasch, muss immer gut feucht gehalten werden und wächst auch im Schatten, dort schießt sie auch kaum. Kresse wird in Folgesaaten ab dem Frühjahr ausgesät. Wichtig: Die Saat darf nicht austrocknen, sonst keimt Kresse nicht. Kresse ist ein Schnellkeimer und geht schon nach drei Tagen auf.

Sobald sie knapp handhoch ist, wird sie abgeschnitten. Konservieren, etwa trocknen, kann man Kresse nicht.

Als Mischkulturenpartner geeignet sind Erdbeeren, Karotten, Radieschen, Rettich und Tomaten.

Als Mischkulturenpartner nicht geeignet sind fast alle Gemüsearten, mit Ausnahme von Erdbeeren, Rettichen und Tomaten.

In einem Duftkissen verhilft der Lavendel zu einem ruhigen erholsamen Schlaf. Auch Menschen mit niedrigem Blutdruck wissen ein anregendes Bad mit Lavendelöl zu schätzen.

Lavendel

Lavendel heißt auch Speik, Schwindelkraut oder Nervenkräutchen. Damit ist schon ein Hinweis auf seine beruhigende Wirkung gegeben. Zudem duftet der Halbstrauch angenehm.

Anbau

Der Strauch mit den silbernen Blättchen ist einer der bescheidensten. Er muss weder gegossen noch gedüngt werden und hat überhaupt keine besondere Pflege nötig. Sonnige Lage und etwas kalkhaltiger Boden, in dem sich keinesfalls Nässe staut, sind alles, was er braucht. Während der Blütezeit werden Kraut und Blüten gesammelt und getrocknet.

Als Mischkulturenpartner geeignet sind Rosen.

Einen duftenden Hauch von Süden bringt Lavendel auch in unsere Gärten.

Liebstöckel (Maggikraut)

Liebstöckel, das Maggikraut, stammt ursprünglich aus dem östlichen Mittelmeerraum. Es hat viele Namen, etwa Badekraut, Gichtstock, Nervenkräutel, Gebärmutterwurzel oder Suppenlob. Fast alle Namen weisen auf Heilwirkungen hin, die heute nahezu völlig vergessen sind.

Bei Bedarf werden frische Blättchen des Liebstöckel geerntet und als Würze sofort verwendet. Die Haupterntezeit der Blätter liegt zwischen Juli und August. Im Oktober wird die Wurzel ausgegraben.

Anbau

Diese Pflanze ist sehr robust und dominant. Sie sollte als Solitär an einem Einzelplatz stehen, für die Reihenmischkultur ist sie nicht geeignet. Der Wurzelstock reicht 40 Zentimeter in die Tiefe, die Pflanze selbst kann leicht über einen Meter hoch werden. Tiefgründiger Boden ist Voraussetzung für das Gedeihen. Liebstöckel verträgt Halbschatten, ist absolut winterhart und kann 10 bis 15 Jahre ausdauern. Im Winter friert es völlig zurück, im Frühling treibt es neu aus. Da Liebstöckel überhaupt nicht frostempfindlich ist, kann es bereits im zeitigen Frühjahr ab März ausgesät oder ausgepflanzt werden.

Melisse (Zitronenmelisse)

Melisse hat viele Namen: Zitronenmelisse wegen ihres Geruchs nach Zitronen, Bienenkraut nach ihrem griechischen Namen (meli heißt auf griechisch Honig), der anzeigt, dass auch Bienen dieses Kraut sehr mögen, Frauenwohl oder Hasenohr.

Anbau

Melisse ist – ähnlich wie Liebstöckel – ein sehr ausladender Strauch und steht am besten allein (beispielsweise auf Baumscheiben). Sie liebt warme, geschützte, sonnige Plätze mit durchlässigen humosen Böden. Dort steht sie viele Jahre, denn sie ist eine ausdauernde Pflanze. Zitronenmelisse kann man bereits im zeitigen Frühjahr aussäen oder im Herbst durch Teilen einer älteren Pflanze vermehren. Die Blättchen der Zitronenmelisse werden bei Bedarf frisch verwendet oder bei trockenem Wetter gesammelt und anschließend getrocknet und als Tee oder Gewürz verwendet.

Melisse beruhigt und stärkt zugleich; deshalb wird sie bei Schlafstörungen, Nervosität, Herzbeschwerden, Magen-Darm-Leiden, Menstruationsbeschwerden, Kopfschmerzen und allgemeiner Erschöpfung eingesetzt.

Petersilie (Peterling)

Die Pflanze stammt ursprünglich aus dem Mittelmeerraum, ist aber heute überall verbreitet und eines der beliebtesten Küchenkräuter, das ausgesprochen vielseitig einsetzbar ist und fast überall passt.

Von Juni bis September wird das Kraut geerntet, die Wurzel der zweijährigen Pflanze gräbt man in den Monaten März, Oktober oder November aus.

Anbau

Für Petersilie ist nahrhafter, humusreicher und durchlässiger Boden vorteilhaft. Halbschattige Plätze werden bevorzugt. Auf der Erntereihe gedeiht Petersilie in Doppelrillen nebeneinander. Petersilie ist eine zweijährige Pflanze, dann muss sie neu gesät werden. Die Keimdauer beträgt etwa drei Wochen, denn Petersilie ist ein Langsamkeimer. Im ersten Jahr bilden sich je nach Sorte buschig gefiederte oder krause Blätter, im zweiten Jahr entwickelt sich ein kantiger Stängel, der später die gelbgrünen Blüten trägt. Petersilie kann ab März ins Freiland gesät werden, denn sie ist nicht frostempfindlich. Wichtig ist, dass der Boden nicht austrocknet, sonst geht die Saat nicht auf.

Als Mischkulturenpartner geeignet sind Tomaten. Für Lauch ist er eine gute Vorkultur.

Als Mischkulturenpartner ungeeignet sind Salate.

Das bunte Nebeneinander passender Pflanzen macht den Erfolg des Mischkulturengarten aus.

Ringelblumen (Studentenblumen)

Eigentlich gehörten sie in den traditionellen Bauerngarten, aber auch unter städtischen Hobbygärtnern und vor allem bei solchen, die Reihenmischkultur betreiben, werden sie immer beliebter. Ringelblumen sind wegen ihrer leuchtenden Farbe nicht nur ein Farbtupfer im Garten und von großer Schönheit, sondern auch wertvolle Heilpflanzen. Ringedlblumensalbe sollten in keiner Hausapotheke fehlen.

Sie sollten in keinem Garten fehlen: Wie Arnika oder Johanniskraut entfalten Ringelblumen äußerlich angewendet eine entzündungshemmende Wirkung. Als Tee, Salbe oder Tinktur wirken Ringelblumen bei Geschwüren, Blutergüssen und Sportverletzungen.

Anbau

Ringelblumen gedeihen fast überall. Sie säen sich wie das Gurkenkraut (Borretsch) selbst aus und kommen immer wieder. Ringelblumen werden ab März in die Reihen gesät und nach dem Auflaufen der Saat auf ca. 20 Zentimeter Abstand verzogen. Sie brauchen Platz, um sich zu entfalten. Ringelblumen sind wertvolle Voraussaaten. Sie werden später zur Gründüngung umgehackt (siehe Seite 28).
Als Mischkulturenpartner geeignet sind fast alle Kohlarten, Salate und Tomaten.

Salbei

Salbei hat auch so wohlklingende Namen wie Muskatellerkraut, Kreuz- oder Tugendsalbei. Der Halbstrauch blüht von Juni bis Juli mit hell- bis violettblauen Blüten und ist eine Zierde des Gartens.

Anbau

Da die Pflanze sehr ausladend ist und bis zu einem halben Meter hoch werden kann, sollte sie nicht in Reihe gepflanzt werden. Am besten pflanzt man eine junge Pflanze vom Gärtner. Durch Absenken eines Triebes kann Salbei problemlos vermehrt werden.
Salbei ist wenig frostempfindlich und deshalb in den meisten Gegenden winterhart. Er kann bereits im zeitigen Frühjahr gepflanzt werden. Man kann ihn auch als Topfpflanze ziehen. Frisch werden die Blätter nach Bedarf geerntet, zum Trocknen erntet man sie von Mai bis Juli und nochmals im Herbst.

Schnittlauch

Mehrjährige Gewürzpflanzen sollten nicht in den Mischkulturengarten integriert werden, weil dort die Reihen von Jahr zu Jahr wechseln. Am besten wählen Sie einen Standort am Rand der Kultur oder an einem anderen geeigneten Platz im Garten.

Schnittlauch ist leicht als schlanker Verwandter von Zwiebeln und Knoblauch zu erkennen. Er wird auch Schnittling, Graslauch, Binsenlauch, Brislauch, Schnitt- oder Jakobszwiebel genannt. In der Küche ist er sehr beliebt. Auch die Volksheilkunde hat ihn gewürdigt und schätzt ihn als appetitanregendes, verdauungsförderndes, blutbildendes und harntreibendes Mittel. Er wird ausschließlich frisch verwendet und niemals mitgekocht, sondern nur über die Speisen gestreut.

Anbau

Schnittlauch wächst am besten in kalkhaltigen Böden, Sie sollten den Boden also auf keinen Fall mit Torf anreichern. Aber Humus liebt er und vor allem Feuchtigkeit. Er gedeiht in praller Sonne und im Halbschatten und ist leicht zu ziehen. Die Aussaat kann im April oder im August im Freiland vorgenommen werden. Man kann auch vorgezogene Pflänzchen vom Gärtner verwenden. Die aufgelaufenen Pflänzchen werden büschelweise in dicken Erdbrocken versetzt.
Als Partner des Schnittlauchs eignen sich Karotten, aber man wird diese Gewürzpflanze ohnehin kaum auf die Reihe setzen, sondern in Horsten an eine gut zugängliche Stelle am Gartenrand pflanzen.
Als Mischkulturenpartner geeignet sind Karotten.

Thymian

Die Familie, aus der er stammt, ist rasch erkannt: Seine Verwandten heißen Rosmarin, Lavendel, Minze, Salbei, Majoran und Bohnenkraut. Thymian ist wie diese aus mediterranen Regionen zu uns gekommen. Der Sommerthymian, der auch französischer Thymian heißt, bleibt niedrig und hat fast silbergraue Blätter wie der Lavendel. Er wächst rasch und bringt reiche Ernten. Aber er ist frostempfindlich und in unseren Breiten nicht ganz winterhart. Der Winterthymian, auch deutscher Thymian genannt, wächst langsamer, ist aber in unserem Klima viel widerstandsfähiger als die südländische Sorte. Der Halbstrauch blüht von Mai bis Juni.

Anbau

Sonnige, trockene Plätze liebt Thymian als südliche Pflanze noch immer. Nasse, schwere Böden machen ihn krank. Ein Platz im Steingarten oder ein kleiner Steinhügel, der sich aufheizt, sind ihm am liebsten. Wenn sie kräftig sind, kann man Thymianpflanzen durch Teilung weiter vermehren. Ab April kann Thymian gesät werden. Die Samenkörnchen werden nur dünn mit Erde bedeckt, denn sie sind Lichtkeimer. Wenn die Thymiansaat aufgegangen ist, sollte man die Pflanzen auf 20 mal 20 Zentimeter versetzen. Thymian darf überhaupt nicht gedüngt werden, denn jeglicher Dünger ist ihm ein Graus. Sowohl der deutsche als auch der französische Thymian ist immergrün und behält ganzjährig seine silbrig grünen Blättchen.

Bei geringem Bedarf und damit wenig Rückschnitt während des Sommers muss der Strauch im Frühling eingekürzt werden. Durch einen Rückschnitt werden die Pflanzen verjüngt, sie treiben dann neu aus und verholzen nicht so rasch. Kurz vor der Blüte ist das Kraut am würzigsten, es kann dann gut zur Aufbewahrung getrocknet werden. Die beste Sammelzeit ist somit zwischen Juni und August, bei trockenem Wetter. Den höchsten Gehalt an ätherischen Ölen hat das Gewürzkraut um die Mittagszeit, auch dies sollte man bei der Ernte beachten.

Thymian hat heilende Wirkung – er beruhigt, entwässert, senkt das Fieber, macht schwere Speisen leichter bekömmlich und fördert die Verdauung.

Aromatische Kräuter haben auch auf Pflanzen eine heilende Wirkung und sollten in keinem Garten fehlen.

Richtiges Gießen will gelernt sein: Es ist ein Erfolgsrezept für den Garten.

Tipps und Tricks für erfolgreiches Gärtnern

Neben den Standardmethoden für erfolgreiches Gärtnern gibt es für die Reihenmischkultur eine ganze Reihe von Kniffen, die aus langer Erfahrung resultieren. Hier noch einige Praxistipps.

Phacelia als Vorkultur

Eine Vorkultur, die vor dem Anbau der für die Reihe vorgesehenen Gemüsesorte ausgesät wird, verbessert den Boden und schafft optimale Bedingungen für die Nachfolgesaat. Weiter oben wurde bereits auf die Vorkultur von Spinat (siehe Seite 21f.), Senf (siehe Seite 26), Radieschen (siehe Seite 53), und Ringelblumen (siehe Seite 81) hingewiesen. Manche Gemüse schätzen ganz bestimmte Vorkulturen, wie beispielsweise Lauch die Petersilie. Eine Voraussaat, die sich als ganz besonders wertvoll und sehr verträglich erwiesen hat, ist Phacelia, zu Deutsch Büschelschön oder Bienenfreund. Sie ist tatsächlich eine richtige Bienenweide, und dort, wo sie wächst, sieht man oft auch ganze Wolken von Schwebfliegen, die vor allem bei Rosen und Stauden den Blattläusen zu Leibe rücken. Phacelia wächst rasch und ergibt einen dichten, aber leicht zu entfernenden Bodenschutz. Sie eignet sich für alle Zwischenräume, die von anderen Pflanzen gelassen werden, denn sie bildet einen feinen, gefiederten Teppich, wurzelt tief, beschattet den Boden, versprüht den Regen durch ihre reichlich geteilten Blätter hindurch, ist ein guter Taufänger und Tauhalter und bringt mit ihren Blüten schon sehr früh Farbe in den Garten. Die Blüte ist ausdauernd und duftet stark, wodurch besonders viele Falter und Bienen angezogen werden. Der feine Samen der Phacelia kann sehr früh ausgebracht werden, denn die Pflanze ist nicht frostempfindlich. Man kann sie während des ganzen Jahres immer wieder aussäen.

Phacelia (Bienenfreund oder Büschelschön) ist nicht nur als Vorkultur nützlich, sondern mit den schönen, meist blauen Blüten auch eine Zierde des Gartens.

Direktsaat

Viele Pflanzen kann man entweder direkt ins Freiland säen oder bereits als Pflänzchen beim Gärtner erwerben. Oft ist nicht ganz klar, welche Methode vorzuziehen ist. Wenn Sie Ihre Pflänzchen selbst aus Samen vorziehen, haben Sie eine kleine Mühe und viele Vorteile:

- Wenn Sie Saatgut verwenden, können Sie aus einer großen Sortenvielfalt wählen, und Saaten sind billiger als Pflänzchen.
- Die Aussaat kann fortlaufend stattfinden.
- Die Pflänzchen entwickeln sich ohne die Störung des Versetzens.
- Wenn Sie Pilliersaat oder Saatbänder verwenden, ist auch der Störfaktor des Vereinzelns ausgeschaltet.
- Gesäte Pflanzen stehen fester, sind weniger anfällig gegen Krankheiten und werden auch seltener von Schnecken angefressen.
- Meistens haben gesäte Gemüse einen deutlichen Vorsprung vor den gepflanzten Arten.

Manche Pflanzen säen sich selbst aus, etwa Kümmel, Melisse, Schnittlauch, Ysop oder Akelei, Eisenhut, Klatschmohn, Ringelblume, Schneeglöckchen oder Veilchen.

Frostsaat

An dieser Stelle möchte ich Ihnen ein Verfahren vorstellen, das vor allem in raueren Gebieten von Vorteil ist: die Aussaat bei Frost. Diese Frostsaat ermöglicht eine zeitige Ernte im Frühling.

Geeignete Sorten für die Frostsaat

- Ackersalat
- Borretsch
- Dill
- Frühkohl
- Kerbel
- Kohlrabi
- Frühe Kopfsalatsorten wie Maikönig und Viktoria
- Frühreife Karottensorten wie Nantaise oder Hilds Frühstamm
- Petersilie
- Spinat
- Zwiebeln

Aus Kräutern und anderen Pflanzen, etwa aus Brennnessel oder Holunder, werden wertvolle Pflanzenauszüge bereitet.

Zeitpunkt der Aussaat

Das Säen wird, wie der Name sagt, vorgenommen, wenn der Boden bereits gefroren ist. Der beste Zeitpunkt für eine Frostsaat ist normalerweise Ende Dezember bis Anfang Januar, wenn es draußen richtig kalt ist. Wir säen auf den geschlossenen Boden und decken die Samen leicht mit Erde ab, die wir an einer geschützten Stelle gelagert haben oder an Ort und Stelle entnehmen können, je nach Froststärke.
Torf ist zum Abdecken nicht geeignet, da er besonders stark die Kälte hält und im Frühling die Keimung verzögert. Gesät werden ausschließlich ganz frühe Sorten von Karotten und Salaten. Diese Saaten erreichen einen Wachstumsvorsprung von bis zu drei Wochen.

Der Samen kann zum Zeitpunkt der Frostsaat nicht mehr keimen, und das soll er auch nicht. Die Keimung wird dann im zeitigen Frühjahr beginnen, sobald die Temperaturen es erlauben.

Pflanzenauszüge

Organische Nährlösungen stärken gesunde Pflanzen. Es ist ein ähnlicher Vorgang wie beim Mulchen mit Flächenkompost, wo dem Boden ebenfalls zurückgegeben wird, was der Boden hervorgebracht hat.

Pflanzenauszüge sind die jederzeit verfügbare Kräuterapotheke des Biogärtners. Sie stärken die Pflanzen und wehren Ungeziefer ab. Man muss jedoch wissen, wie man sie einsetzt, denn Kräuterbrühen sind hoch konzentriert und deshalb für Pflanzen zu scharf, wenn sie direkt mit ihren Blättern damit in Berührung kommen.

Kräuterbrühen sind hoch konzentriert. Sie dürfen niemals unverdünnt verwendet werden und auf keinen Fall direkt mit der Pflanze in Berührung kommen.

Ansetzen einer Kräuterbrühe

Zum Ansetzen einer Kräuterbrühe braucht man nichts weiter als ein Gefäß, Wasser und Pflanzen. Die Auswahl der Pflanzen erfolgt je nach Einsatz als Stärkungsmittel oder zur Abwehr von Schädlingen.

1 Ein Gefäß aus Holz, Ton oder lebensmittelechtem Kunststoff wird zur Hälfte mit dem vorgesehenen Pflanzenmaterial gefüllt, danach mit kaltem Wasser (am besten Regenwasser) aufgefüllt.
2 Es empfiehlt sich, zusätzlich ein paar Hände voll Urgesteinsmehl, Bentonit oder Tonmehl zuzusetzen, damit der Geruch beim Vergären gemildert wird.
3 Der Gärvorgang setzt je nach Temperatur schon nach wenigen Tagen oder auch erst nach einer Woche ein. Der Ansatz wird täglich kräftig umgerührt.
4 Nach drei bis vier Wochen ist die Gärung beendet, und der Pflanzenauszug ist gebrauchsfertig.

Einsatz der Kräuterbrühe

Verwendet wird die Brühe zum Begießen des Flächenkompostes, keinesfalls aber zum Gießen der Pflanzen. Die vergorenen Auszüge müssen mindestens im Verhältnis 1:1 mit Wasser verdünnt werden. Zur Überwinterung der Kräuterbrühe stellt man ein Büschel Stroh in den Bottich, um Frostschäden zu verhindern, oder lagert die Gefäße in einem frostsicheren Raum. Solche überwinterten Brühen können im Frühjahr als Vorausdüngung auf die Reihen gegossen werden, auf denen später stark zehrende und fruchttragende Gemüse stehen sollen wie etwa Gurken, Tomaten, Stangenbohnen oder auch Kohlarten.

Als Kräuterbrühe eignen sich

- Brennnessel
- Beinwell (Comfrey)
- Kohlblätter
- Löwenzahn
- Bärenklau
- Wegericharten
- Holunderblätter, -blüten und -beeren.

Mit Zusätzen können die Kräuterbrühen für den Einsatz gegen Ungeziefer und Pflanzenkrankheiten verbessert werden.

Brennnesseljauche

Für Brennnesseljauche werden nur Pflanzen verwendet, die noch nicht geblüht haben bzw. keine Samenansätze aufweisen, sonst gibt es später ein Unkrautproblem.

Zubereitung von Brennnesseljauche
Sie brauchen 100 Gramm Brennnesseln pro Liter Wasser
Die Pflanzenteile werden im angegebenen Mengenverhältnis in ein Gefäß mit kaltem Wasser gegeben und gut durchgemischt. Verwenden Sie kein Metallgefäß, die Jauche würde es angreifen. Lassen Sie die Mischung ein bis vier Wochen stehen, rühren Sie dabei täglich um. Die Jauche ist fertig, wenn die Schaumbildung aufhört. Vor der Verwendung werden die Pflanzenteile abgesiebt. Verdünnt wird im Verhältnis 1 : 10.

Zugaben gegen Ungeziefer

Gegen Ameisen, Schnecken und Läuse können die Kräuter Lavendel, Salbei, Thymian und Ysop zugesetzt werden.

Zugaben gegen Pilze

Um Pilzbefall zu mindern, können den Pflanzenauszügen zum Mitvergären oder im Nachhinein Schachtelhalm, Knoblauch, Bärlauch oder Zwiebelabfälle untermischt werden. Wenn Sie Zusätze beigeben, dann am besten als Teeabkochungen.

Mit Komposterde wird die Nährstoffzufuhr verbessert, und das Mulchen mit organischem Material ist eine besonders wirksame Methode.

Mulchen

Beim Mulchen mit Flächenkompost erhält der Boden die Nährstoffe zurück, den die Pflanzen ihm entziehen. Der Boden wird mit organischem Material abgedeckt und vor dem Austrocknen bewahrt. Auch das Aufkommen von Unkraut wird unterdrückt. Eine Mulchschicht sollte nicht höher als drei Zentimeter sein.

Folgende Materialien eignen sich zum Mulchen:

- **Gras- und Rasenschnitt** Er sollte vor dem Ausbringen einige Stunden trocknen, damit keine Fäulnisprozesse in Gang gesetzt werden.
- **Laub, Nadeln, Zweige** Die Zweige müssen vorher gehäkselt werden.
- **Brennnesseln** Sie sollten vor der Blüte ausgebracht werden, damit sie sich nicht später als Unkraut aussamen.
- **Rinde** In gehäkselter Form kann man Pflanzscheiben von Rosen, Sträuchern und Ziergehölzen gut damit abdecken. Im Gemüsegarten ist sie wegen ihres hohen Gerbstoffgehalts ungeeignet.
- **Kapuzinerkresse** Sie wird auf Baumscheiben von Obstbäumen ausgesät und hält Schädlinge fern.

Über den Winter liegen gebliebenes Mulchmaterial sollen Sie nach der Schneeschmelze entfernen und fauliges und schimmeliges Mulchmaterial niemals untergraben, sondern auf den Komposthaufen geben. Mulch sollte wegen Fäulnisgefahr nur bei trockenem Wetter ausgebracht werden.

Die besten Gemüse-Mischkulturen

Die folgende Tabelle zeigt Ihnen, welche Pflanzen gut nebeneinander gedeihen und welche Nachbarschaften vermieden werden sollten. Zudem erfahren Sie alles über Vor- und Nachfrucht. Sie können auf einen Blick feststellen, welche Voraussaat vor der eigentlichen Kultur sinnvoll ist, denn die vorhergehende Anpflanzung stellt für nachfolgende Pflanzungen nützliche Stoffe bereit. Die Liste der Nachfrucht zeigt Ihnen, wie Sie nach der Ernte dem Boden entzogene Nährstoffe wieder zurückgeben können, indem Sie ergänzende Pflanzen setzen. Dadurch wird der Boden wieder aufbereitet.

Gemüse	gute Mischkultur	schlechte Mischkultur	gute Vorfrucht	gute Nachfrucht
Blumenkohl	Buschbohnen, Phacelia, Sellerie, Tomaten	Kartoffeln, Kohlarten, Zwiebeln	Spinat	Ackersalat
Buschbohnen 	Baldrian, Borretsch, Dill, Erbsen, Erdbeeren, Gurken, Kartoffeln, Kohlarten, Radieschen, Rettich, Rote Bete, Sellerie, Tomaten	Fenchel, Stangenbohnen, Zwiebelgewächse wie Lauch, Schnittlauch, Gemüsezwiebeln	Frühe Karotten	Endivie, Ackersalat
Chinakohl	Bohnen, Erbsen, Kohlrabi, Spinat	Radieschen, Rettich	Kopfsalat, Schnittsalat, Kohlrabi	evtl. noch Senf
Erbsen	Kohlarten, Karotten, Radieschen, Rettich, Salate, Sellerie, Spinat	Bohnen, andere Erbsen, Lauch, Tomaten, Zwiebeln	keine	Chinakohl, Rosenkohl
Fenchel	Endivie, Gurken, Kopfsalat	Bohnen, Kohlrabi, Tomaten	Frühe Erbsen	evtl. noch Senf

Gemüse	gute Mischkultur	schlechte Mischkultur	gute Vorfrucht	gute Nachfrucht
Gurken	Basilikum, Dill, Fenchel, Kohlarten, Kopfsalat, Sellerie, Spinat, Stangenbohnen, Zwiebeln	Radieschen, Rettich	Ackerbohnen, Senf	Senf 
Knoblauch	Erdbeeren, Gurken, Karotten, Lauch, Obstbäume, Rosen, Tomaten, Zwiebeln,	Bohnen, Kohlarten	Erbsen, Hülsenfrüchte (Leguminosen) wie Ackerbohnen	
Kohlarten wie Weißkraut, Blaukraut, Wirsing, Rosenkohl	Borretsch, Buschbohnen, Erbsen, Gurken, Karotten, Phacelia, Rote Bete, Salate, Sellerie, Spinat, Tomaten	Knoblauch, andere Kohlarten, Zwiebeln,	Hülsenfrüchte (Leguminosen), Radieschen, Spinat	Ackersalat, Spinat
Kohlrabi	Bohnen, Erbsen, Lauch, Rote Bete, Salat, Spinat, Tomaten	Fenchel	Spinat, Salate	Ackersalat, Chinakohl, Winterrettich
Kopfsalat und weitere Blattsalate wie Eissalat, Römischer Salat, Pflück- und Schnittsalat, Endivie	Bohnen, Borretsch, Dill, Erbsen, Gurken, Kohlrabi, Radieschen, Rettich, Rote Bete, Spinat, Tomaten	Kresse, Kohlarten, Petersilie, Sellerie	Radieschen, Kohlrabi 	Gurken, Kohlarten
Karotten 	Dill, Endivie, Erbsen, Knoblauch, Kohl, Kresse, Lauch, Radieschen, Rettich, Salate, Schnittlauch, Tomaten, Zwiebeln	Karotten, Pfefferminze	Lauch, der bis zum Frühjahr auf der Reihe steht	Endivie, späte Buschbohnen

Die besten Gemüse-Mischkulturen

Gemüse	gute Mischkultur	schlechte Mischkultur	gute Vorfrucht	gute Nachfrucht
Lauch	Erdbeeren, Karotten, Knoblauch, Sellerie, Spinat, Tomaten	Bohnen, Erbsen	Kohlrabi, Salate	Karotten (im Frühjahr), Petersilie
Radieschen und Rettich	Bohnen, Karotten, Kresse, Salat, Tomaten	Gurken	evtl. Senf	Ackersalat
Rote Bete	Bohnen, Bohnenkraut, Dill, Zwiebeln	Spinat	Kohlrabi, Radieschen	Senf
Sellerie	Bohnen, Erbsen, Kohlarten, Lauch, Spinat, Tomaten	Sellerie	Hülsenfrüchte (Leguminosen), Winterspinat	Senf
Spinat 	Bohnen, Erbsen, Erdbeeren, Kohl, Radieschen, Rettich, Salate, Sellerie	Rote Bete, Spinat	Kohlrabi und alle Gemüse außer Mangold und Rote Bete	Bohnen, Kohl, Sellerie, Tomaten und die meisten anderen Gemüse
Stangenbohnen	Gurken, Rote Bete, Salate, Sellerie, Spinat	Buschbohnen, Erbsen, Lauch, Zwiebeln	Frühe Karotten	Ackersalat
Tomaten	Buschbohnen, Karotten, Kohlarten, Lauch, Pastinaken, Petersilie, Salate, Sellerie, Spinat, Zwiebeln	Blaukraut, Erbsen, Fenchel, Rote Bete	Kohlrabi, Senf, Spinat	Senf
Zucchini	Basilikum, Bohnen, Zwiebeln,	Gurken	Hülsenfrüchte, z. B. Ackerbohnen	Senf
Zwiebeln	Dill, Gurken, Karotten, Knoblauch, Tomaten Pastinaken, Rosen, Salate	Bohnen, Erbsen, Kohl, Lauch	Senf im Herbst	Endivie

Über den Autor

Hans Wagner hat Landwirtschaft studiert und eine journalistische Ausbildung absolviert. Er schreibt als Autor über traditionelles medizinisches Wissen und bewährte Hausmittel. Er ist leidenschaftlicher Gärtner und Autor zahlreicher Beiträge in Zeitschriften und Fachblättern mit den Schwerpunkten Natur, Ernährung und Verbesserung der Lebensqualität.

Hinweis

Das vorliegende Buch ist sorgfältig erarbeitet worden. Dennoch erfolgen alle Angaben ohne Gewähr. Weder Autor noch Verlag können für eventuelle Nachteile oder Schäden, die aus den im Buch gemachten praktischen Hinweisen resultieren, eine Haftung übernehmen.

Bildnachweis

Botanik-Bildarchiv Laux, Biberach a. d. Riß: 22, 25, 27, 49, 52, 56, 61, 67, 75, 77, 78, 89; Lavendelfoto, Hamburg: 55 (Gerhard Höfer); Ruckszio Manfred, Taunusstein: Nachsatz, 11, 14, 40, 42, 63, 65, 80, 86; Südwest Verlag, München: Titel/Einklinker (Karl Newedel); Tony Stone, München: U4 (Philip & Karen Smith), Vorsatz (G. Ryan & S. Beyer), 6 (Emmanuelle Dal Secco), 19 (Bob Thomas), 20 (Roy Botterell), 34 (Phil Schofield), 36 (Christel Rosenfeld), 84 (Andy Sacks); Wildlife, Hamburg: 8, 68, 70, 83 (O. Diez), 51 (Harms).

Literatur

Buffler, Martha und Reich, Willi: Gemüse im Garten. Verlag Eugen Ulmer, Stuttgart 1967.
Franck, Gertrud: Gesunder Garten durch Mischkultur. Südwest Verlag, München 1993.
Kreuter, Marie-Luise: Kräuter + Gewürze aus dem eigenen Garten. BLV Verlagsgesellschaft, München 1980.
Langerhorst, Jakobus: Mischkultur und naturgemäße Bodenpflege. NOI-Verlag, Klagenfurt 1996.
Molisch, Hans: Der Einfluß einer Pflanze auf die andere – Allelopathie. Gustav Fischer Verlag, Jena 1937.

ISBN 978-3-8094-1838-2

Umschlaggestaltung: Atelier Versen, Bad Aibling
Redaktion: Dr. Margit Brand
Bildredaktion: Ute Schönenburg
Herstellung: Annette Aatz, Dr. Erika Weigele-Ismael
DTP/Satz: Veronika Moga

Druck: Těšínská tiskárna a.s., Cěský Těšín
Printed in the Czech Republic

597/38680302X817 2635 4453 6271

Register